P. v. Dietrichstein

B.

UN AMOUR DANS L'AVENIR.

LAGNY. — Imp. d'Aug. LAURANT.

UN AMOUR

DANS

L'AVENIR,

PAR MÉRY.

2.

PARIS,
DUMONT, ÉDITEUR,
PALAIS-ROYAL, 88, AU SALON LITTÉRAIRE.

1841.

XI.

Midi sonnait à la tour du *Campidoglio*, lorsque Piranese se réveilla. En face de lui, son domestique s'était assis et attendait.

— Luigi, lui dit-il, vas voir si Emile est levé.

— Il était debout à six heures; à sept, il est sorti.

— Et il n'est pas rentré !

— Non, monsieur le comte.

— Voilà qui est fort singulier.

— J'ai passé toute la matinée sur la porte du palais, à causer avec les domestiques du voisinage, et je n'ai vu rentrer personne. Votre seigneurie peut se fier à moi.

— Il n'est pas rentré, c'est étonnant.

— Je pense que M. Emile est allé à *Buon Governo*, pour se mettre en règle; il y a loin d'ici à *Piazza Madama*.

— Oh! non... non... je ne crois pas... Ceci devient inquiétant.

— Il est allé prendre ses lettres.

— Encore moins; il faut dix minutes pour courir à *Piazza Antonina*, et en revenir.

— Une autre idée... Il cause politique avec quelque ancienne connaissance... c'est que cela chauffe à l'heure qu'il est. L'Empereur est entré à Grenoble, où il a été reçu avec enthousiasme; de Grenoble, il a marché sur Lyon; il a passé trois jours à Lyon, et s'est mis en route pour Paris. Croiriez-vous, monsieur le comte, qu'on n'a pas brûlé une amorce sur tout le chemin! Partout l'Empereur ne rencontre que des populations amies ; c'est un triomphe continuel. Il faut voir comme on lui répond chez nous; on dit que le roi de Naples va se mettre à la tête de son armée, pour soutenir la cause de son beau-frère; il y en a même qui disent que Joachim Murat est sur le point d'envahir la Toscane. Enfin, tout le monde fait sa nouvelle. Ce qu'on rapporte de plus certain, c'est la marche de l'Empereur : on assure qu'à cette heure, il est à Paris.

— Et moi, je suis encore à Rome! s'écria Piranèse en se frappant au front. Oh! cette position est intolérable; il faut en sortir à tout prix!... Et je n'ai pas même écrit une lettre de reconnaissance au roi..... à ce bon Joachim! une seule lettre!... Une minute de retard de plus serait un crime. Luigi, attends-moi ici; je vais t'envoyer à franc-étrier au palais ou à la tente du roi de Naples; tu te feras indiquer le chemin qu'il a pris, et tu lui remettras une lettre.

— Je vais commander un cheval de poste.

— Deux chevaux ; il te faut un piqueur pour courir en avant ; ne ménage pas les *bonnes-mains*.

— Je prie votre seigneurie de songer à moi, si le roi de Naples demande un bon soldat de plus.

— Très-bien, Luigi.

— C'est que je rappellerai à votre seigneurie qu'elle m'avait oublié, pour sa campagne de Moscou.

— Cette fois, je ne t'oublierai pas ; sois tranquille.

— Je cours exécuter les ordres de mon seigneur et maître.

Piranèse ouvrit la porte de son atelier, attenante au jardin ; là, était aussi le cabinet de travail. Depuis bien long-temps cette partie du palais n'avait reçu la visite du maître. Les joies et les douleurs de la villa de l'Anio avaient distrait le jeune Romain de ses passions d'artiste. Tout se ressentait de ce long abandon. Un désordre triste régnait devant les statues, les blocs ébauchés, les maquettes, les pupitres, les bureaux, les bibliothèques : c'était un chaos à ne plus se reconnaître. Là, chaque objet rappelait à Piranèse l'époque tranquille de sa vie, où il ressentait au fond de l'âme quelque chose de calme et de serein qui, dans un passé lointain, ressemble à ce qu'on appelle le bonheur, et qui n'est simplement que l'absence d'une passion ou d'une infortune.

Le noble artiste fut ému aux larmes en retrouvant, parmi les bustes païens, ouvrages classiques de son adolescence, la statue inachevée de sainte Cécile, cette image divine pour laquelle il avait cherché un modèle terrestre digne de l'habitante du ciel.

— Oh ! c'est maintenant, se dit-il à lui-même, que je ferais mon œuvre en artiste inspiré, si la jeune vierge de l'Anio consentait à poser devant moi ! Et Piranese poussa un soupir, qui, répété par l'écho de l'atelier solitaire, ressemblait à une plainte de la statue adorée.

Piranese n'avait respiré qu'un instant l'air de ce réduit plein de quiétude, et il était revenu, à son insu, aux premières impressions de vie, par l'influence des objets extérieurs qui réveillait en lui tant de périlleux souvenirs.

Il songeait à cette radieuse Cécilia, l'enfant de ses radieuses amours; à cette fleur vivante qu'aucune lèvre profane n'avait souillée; à cet ange de la terre, qui avait passé par le sépulcre, pour arriver à une merveilleuse transfiguration; qui avait échangé le suaire contre la robe éclatante de l'épouse, le rameau de cyprès contre le lys royal. Bien plus, le hasard tourna les yeux de l'artiste sur des ébauches de peinture qui gisaient dans une poussière de marbre, et ses doigts, en effeuillant avec nonchalance cet album de feuilles éparses, se crispèrent, convulsifs, sur le portrait de la Cécilia de quinze ans.

— Non, dit-il, l'avenir n'a pas menti au passé; mon amour avait deviné la femme dans la jeune fille! Et cet ange de mon espoir, en qui j'avais placé toutes mes complaisances, cette vierge exquise serait jetée aux bras du premier Mattei venu! Et c'est moi qui la livrerais à la brutalité légitime d'un mariage improvisé! Oh! que plutôt les poutres de mon palais s'écroulent sur mon front! *Que feraient de plus cruel les ennemis dans une ville prise d'assaut?* comme dit le poëte romain.

Le jeune homme tenait à deux mains le portrait de Cécilia, et lui donnait des sourires mélancoliques. — Non, non, dit-il d'une voix sourde et tremblante; non, tu ne seras pas à un Mattei, tu ne seras à personne, tant que je vivrai... à personne ! Puisque la fatalité, cette divinité de Rome, l'a voulu ainsi, tu iras sur la montagne, comme la fille de Jephté, mais tu n'en descendras pas pour te suspendre aux lèvres d'un époux, quel qu'il soit ; je mets ta virginité sous l'ombre de mon bras et de mon épée, ô sœur angélique des séraphins !

Et il colla ses lèvres sur l'image froide ; et, la laissant tomber, il se couvrit le visage de ses mains, rougissant de lui-même comme s'il eût commis un adultère incestueux.

Sourd aux bruits extérieurs, il ne vit pas

la porte qui s'ouvrait devant Émile ; l'embrassement de son ami le fit tressaillir.

— Où diable as-tu passé ce matin? s'écria le jeune Français avec son étourderie habituelle; je me suis réveillé, à six heures, dans un palais désert. Luigi, qui causait politique dans la rue, m'a dit que tu étais probablement occupé, en ville, à courir après les nouvelles. Moi, j'ai sellé un de tes chevaux, et j'ai couru à Tibur pour avancer les affaires...

—Tu viens de la villa ? dit Piranese tremblant.

— Oui, dit Émile en serrant les mains de son ami; je suis parti, ce matin, le meilleur de tes amis, je reviens avec le titre et le cœur de ton fils.

— Que dis-tu, Émile? s'écria Piranese, et il s'assit défaillant sur le rebord d'un socle de bois.

— Je savais, mon cher Pira, que cette nouvelle allait te foudroyer de joie; mais je t'ai cru assez fort pour m'épargner les ménagements d'un préambule. J'épouse Cécilia dans huit jours. Oh! ma poitrine se gonfle de bonheur! Enfin, j'aurai une femme!.. et quelle femme!

Piranese soutint son front avec ses mains et ne répondit pas.

— Je me mets à ta place, poursuivit Émile; je me figure mes transports si tu épousais ma fille; si tu recevais ainsi, dans un jour, les deux noms les plus saints qui soient dans la nature. Oh! recevoir une femme des mains de son meilleur ami! Je conçois ton saisissement. Allons, Pira, regarde-moi donc en face.

Et comme il faisait un pas vers Piranèse, il aperçut le portrait de Cécilia sur le parquet.

— Ah! je le reconnais! je le reconnais! s'écria-t-il; tu as fait ce portrait, il y a bien long-temps, lorsque tu me cachais ton amour pour la mère, par dévouement d'amitié, car tu croyais que j'étais fou de la comtesse Rosa.. Oh! mon ami, tes prévisions sur la beauté de Cécilia ont été en défaut; ce portrait est un mensonge au crayon; c'est l'ombre de ce soleil qui luit à Tibur.

Un éclat de sanglots que Piranèse ne put comprimer fit reculer Émile de stupéfaction.

— Ah! mon Dieu! dit-il, les mains jointes, qu'as-tu donc, Piranese? Si ce sont des pleurs de joie que tu verses, ils me contristent comme des larmes de douleur... Parle, parle-moi, mon ami.

Et il s'approcha de Giampolo, et saisit ses mains vivement, pour les détacher du front qu'elles voilaient.

Piranese céda, par lassitude, à cette violence de l'amitié. Il découvrit son visage, et laissa voir une pâleur de cire sur des joues sillonnées par des pleurs. Sa poitrine haletait comme après une course au vol de la base au sommet d'une montagne; il y avait, dans ce noble sein, le volcan d'une passion qui fendait l'épiderme, pour s'ouvrir un cratère; ses yeux fixes épouvantaient Émile, comme des yeux vivants sous le front d'un cadavre galvanisé. Les mains des deux amis se serrèrent dans un double élan spontané; les deux bouches mêlèrent leur souffle. Un frémissement convulsif de Piranèse annonça qu'un suprême effort se faisait en lui pour une terrible révélation : il essaya ses lèvres aux premières syllabes de la confidence; puis, au moment de parler, il recula devant la chose résolue, et transforma son discours...

« — Émile, dit-il avec un accent plein de mélancolie, Émile, mon bon ami, te rappelles-tu les paroles que tu m'as apportées, un jour, dans les ruines du cirque d'Antonin? A cette époque, tu prenais souci de la gloire et de l'honneur de ton ami; tu trouvas dans ton esprit des formes de reproches, couvertes d'un voile amical, pour m'exciter à courir auprès de Joachim Murat, et tu m'aurais renié peut-être, si je me fusse lâchement enseveli vivant sous les dentelles d'une femme ; tu t'en souviens ?

Émile fit un signe de tête affirmatif.

— Comment veux-tu donc qu'aujourd'hui je puisse te voir, sans être ému aux larmes, te voir, toi Émile, quand la patrie aiguise son épée, déserter à l'ennemi, c'est-à-dire à la volupté déshonorante, oublier les devoirs de soldat, fermer l'oreille à ce grand cri de guerre impérial qui s'élève du golfe Juan ? Et moi aussi, j'ai une femme charmante ; j'ai une existence d'or, et tu me vois tout absorbé par les préparatifs d'un départ qui sera peut-être sans retour. Quelle douleur si j'étais obligé de laisser mon compagnon d'armes sur son lit de roses, quand je vais dormir sous la tente! Oh! mon émotion t'en dira plus qu'un long discours, Émile...

Piranese détourna la tête; il était honteux de ce subterfuge; il lui semblait que son visage n'était pas en harmonie d'expression et de pensée avec ses paroles, et que son abattement, son désespoir, ses larmes, attestant une blessure trop profonde, allaient le trahir aux yeux de son ami qui ne pourrait concilier la légèreté de la faute avec la solennité de l'accusation. Il avait trop présumé de la sagacité d'Émile; l'étourdi jeune homme ajouta foi à la sincérité de ces reproches : l'amitié souvent est aveugle et confiante comme l'amour.

— Mon cher Pira, dit-il avec calme et en souriant; il est des circonstances, rares fort heureusement, où je m'aperçois que nous appartenons, toi et moi, à deux nations différentes. Chez nous, on ne traite pas si gravement la guerre; nous ferions l'amour entre deux batteries allumées; nous signerions un contrat de mariage sur l'affût d'un canon. Ne sais-tu pas que notre brave général Joubert se maria dans une maison de la Chausée-d'Antin à Paris, partit le lendemain de ses noces, en habit de bal, et se fit tuer, quelques jours après, à la bataille de Novi, au premier quartier de sa lune de miel?

— Que veut dire cela? dit Giampolo d'un air consterné.

— Cela veut dire, mon cher Pira, que j'épouse, et que je pars, et que je me soucie d'une balle ou d'un boulet autrichiens, comme d'une bulle de savon. Si tu ne m'avais pas coupé la parole un peu brusquement, tu saurais déjà que je viens de signifier absolument la même chose à Felice Mattei : il me faisait des objections, il prétendait qu'il me serait impossible de sortir d'Italie et de rejoindre la grande armée. Seigneur-Mattei, lui ai-je répondu, vous n'êtes pas fort en stratégie. La grande armée est partout. Joachim Murat est à quelques lieues d'ici ; si je ne puis atteindre l'empereur des Français, je me replierai sur le roi de Naples ; c'est toujours le même drapeau. Et mon Mattei m'a salué avec une politesse maligne, et il a disparu. Je t'aurais conté tout cela, mon cher camarade, mais tu m'as jeté dans les divagations ; tu me fais commencer mon récit par la fin : maintenant tout est interverti. Je devais te dire, pour mon début, que la comtesse Piranese, ta femme, m'a reçu avec enthousiasme ; parole d'honneur ! c'est le mot. Elle avait déjà connu tes intentions et les miennes de la bouche de Felice Mattei. Ainsi ma demande en mariage n'a pas eu besoin d'être formulée. Quelle économie de protocoles ! Monsieur, m'a dit ta charmante femme avec sa grace romaine, Monsieur, vous avez fait un véritable trait de chevalier français ; vous venez de Paris pour me demander ma fille, à travers tous ces bruits de guerre ; je me félicite de n'avoir pris aucun engagement sérieux pour Cécilia. Vous savez que j'aime les Français. Mon désir a toujours été d'avoir un Français pour gendre : soyez donc le bien-venu, Monsieur. — A ces paroles j'ai sauté de joie, comme un enfant......

Que regardes-tu donc dans le jardin?... Tu es distrait, mon ami.

— C'est que j'ai envoyé Luigi en ville..... et il n'est pas de retour..... Cela m'inquiète.

— Veux-tu me laisser continuer?

— Oui..... oui..... continue..... Je vais voir si Luigi......

— Eh bien! je t'attends.

— Non... je reste... C'est que cette lettre à Joachim Murat...

— Tout aura son temps, mon cher Pira; on dirait que tu as des tisons ardents sous la plante des pieds.

— Moi !... eh !.... c'est l'impatience de connaître la fin de..... cette campagne si aventureuse... Luigi ne revient pas.... Voyons, comment tout cela s'est-il terminé à la villa ?

Piranese croisa fortement ses bras sur sa poitrine comme pour l'étançonner ; il se raidit sur ses pieds avec une énergie d'emprunt, et trouva même sur sa figure une contraction gracieuse qui ressemblait à un sourire.

— Alors ta femme, poursuivit Émile, m'a longuement parlé de Cécilia ; elle m'a raconté sa longue maladie ; elle m'a dit que vous lui aviez laissé ignorer jusqu'à présent votre mariage, pour lui épargner une émotion ; c'est ce qui m'a expliqué le cri d'étonnement de Cécilia, hier, lorsque je parlai étourdiment de votre mariage devant elle. Il est vrai que je n'ai aucune crainte sur les suites de mon étourderie, car ta fille est aujourd'hui, grace à Dieu, d'une santé florissante à l'épreuve des émotions. Vous aviez poussé les ménagements à l'excès. Madame la comtesse Piranese insiste vivement pour me décider à partir pour Paris avec ma femme; elle veut que Cécilia voyage plusieurs années; le médecin a dit qu'il fallait lui procurer de longues distractions pour la délivrer d'un fond de mélancolie que la maladie lui a laissé. Je ne demande pas mieux que de voyager avec Cécilia; j'irai au bout du monde, s'il le faut. — Je l'eusse mariée avec beaucoup de répugnance à un Romain, m'a dit la femme; les gens de notre pays sont sédentaires, et ma fille n'aurait pas bougé de notre château, avec un Mattei, par exemple;

un enfant! Je veux que ma fille coure le monde, et qu'elle se forme aux belles manières de la société de Paris. Alors, mon cher Pira, je me suis permis deux observations respectueuses. — Madame, ai-je dit à ta femme, il ne manque donc plus à notre heureuse affaire que deux choses, le congé de Mattéi et le consentement de Cécilia. — Il ne manque rien, m'a-t-elle répondu; Mattéi, en m'apportant hier soir lui-même vos intentions et celles de mon mari, m'a apporté son congé; au reste, il s'est exécuté d'assez bonne grace : vous lui avez paru un rival trop dangereux pour son neveu. Quant au consentement de Cécilia, vous pouvez être tranquille sur ce point. Ma fille est un ange de soumission ; je réponds d'elle; et quelle répugnance, d'ailleurs, pourrait avoir une jeune personne devant un mariage qui lui donne un époux jeune et riche; un officier français, décoré par l'empereur sur le champ de bataille? Allez à Rome, a-t-elle ajouté; dites à mon mari que ses intentions sont remplies; qu'il s'occupe, lui activement, deux ou trois jours, en ville, des préliminaires prosaïques de ce mariage, et qu'il nous revienne, à Tibur, avec le contrat. Puis, avec un charmant sourire, elle a dit : Je rappelle mon cher Piranese de son exil. J'avais voulu agir dans toute ma liberté de mère pour marier ma fille. J'étais souveraine, et j'appelais au château toutes les personnes qui pouvaient être utiles à mes projets; de ce nombre était Felice Mattei que je n'eusse jamais mandé auprès de moi pour le mettre en face de mon mari qui le déteste. Concluons enfin. Cécilia est prête à recevoir un époux de la main de sa mère, et à partir avec lui. Je me suis levé ; j'ai baisé la belle main de ta femme, qui m'a dit gracieusement : Adieu, mon cher fils ; et je ne me suis arrêté qu'un instant, à la grille de la villa, pour échanger quelques paroles avec Felice Mattei qui m'attendait, probablement pour me féliciter du bout des lèvres, et me maudire du fond du cœur. Il est reparti pour Naples ce matin.

Luigi entra brusquement dans l'atelier et interrompit un entretien qui était devenu intolérable à l'oreille et au cœur de Piranese. — Je viens rappeler à votre seigneurie, dit le domestique, qu'il y a deux chevaux de poste, dans la rue, depuis une heure.

Piranese profita de la diversion amenée par cet incident, et dérobant son visage bouleversé aux regards d'Émile; qui se faisait observateur lorsqu'il ne parlait pas, il se tourna vers Luigi et dit :

— Oui, c'est juste; les deux chevaux attendent... ma lettre n'est pas faite... Ah! mon Dieu!...

— Je puis parler devant Monsieur, puisque c'est l'ami de monsieur le comte?

— Oui, certainement, parle... voyons.

— Voici la nouvelle du moment... Le roi de Naples a quitté *Villa Reale*; il s'est mis à la tête de son armée, et il a pris la route de Rimini.

— Joachim Murat est entré en campagne! s'écria Piranese; malédiction! et nous sommes ici à faire le trousseau d'une mariée ! Ce n'est plus une lettre qu'il faut envoyer au roi ; il faut nous porter nous-mêmes à ses pieds. A cheval ! à cheval ! Luigi, prends de l'or à flots ; attelle ces chevaux à ma berline de voyage ; prends mes armes et mon uniforme, tous mes effets de campagne, et en route sur Rimini.

Luigi sortit pour exécuter ces ordres ; Piranese se promenait à grands pas dans l'atelier.

— Je pense bien, dit Émile, que tu feras tes adieux à ta famille.

Piranese hésita quelques instants pour répondre.

— Oui, nous nous arrêterons un quart d'heure à la villa.

— A la bonne heure!... D'ailleurs, nous avons du temps plus qu'il n'en faut pour joindre l'armée.

— Que dis-tu, Émile? Je donnerais ma fortune pour être, en ce moment, à cheval, à côté du roi.

— Eh! les Autrichiens sont encore en Lombardie! Pourvu que nous arrivions au premier coup de canon.

— Sérieusement, Émile, est-ce que tu penses à te marier dans la huitaine?

— Très-sérieusement. Mais est-ce qu'il y a quelque obstacle?

— Tu n'épouserais pas, cependant, une jeune fille contre son gré?

— Dieu m'en garde !... Que diable vas-tu me dire là ! Tu sais bien qu'on ne fera pas violence à ta fille, et qu'elle se résignera facilement à m'épouser.

— Oui, on se flatte toujours ainsi. Enfin, nous allons voir... Écoute, Émile, écoute, si la fille de madame Piranese témoignait la moindre répugnance, tu me promets...

— Mon cher Pira, me prends-tu pour un père de comédie ? Me crois-tu assez fou pour faire violence à la vocation ou à la fantaisie d'une jeune fille ? Il me faut un bon *oui*, bien net, bien décidé ; à la moindre hésitation je me retire.

— Voilà parler loyalement.

— C'est que, tout bien réfléchi, je suis assez malheureux en amour pour échouer encore cette fois.

— Émile, avec les femmes, il ne faut jurer de rien ; il faut s'attendre à tout.

— Dans une heure, je connaîtrai mon sort.

— Voilà Luigi qui me fait signe que tout est prêt.

— Je monte à cheval, moi, et je prends les devants.

— Nous allons brûler le chemin.

Un instant après, berline et cavalier couraient sur la route de Tivoli.

Piranese, rendu à ses réflexions, essaya d'arrêter un plan de conduite ; mais ses actions, dans l'avenir, étant subordonnées aux actions des autres, il se vit encore contraint à s'inspirer de la circonstance, et il ne prit aucune décision.

L'élan et le fracas de la voiture, le trouble orageux de son esprit, la flamme allumée dans ses artères, toutes ces excitations physiques et morales brisaient, à chaque chaînon, la série de ses pensées. Il se sentait emporté, comme par un démon, vers quelque chose de fatalement inévitable, qui allait prendre un corps et se matérialiser à ses yeux. C'est en face de l'imprévu révélé que Piranese comptait saisir au vol une résolution.

Émile arriva un quart d'heure avant la berline, et annonça son ami. La famille était réunie dans le salon lorsque Piranese entra d'un pas artificiellement résolu. Il fut accueilli par les embrassements et les pleurs de sa mère et de sa femme.

— Eh bien! tu ne dis rien à Cécilia, dit la marquise à son fils, et elle se plaça devant Émile, pour lui dérober une scène périlleuse.

La comtesse plongea des regards dominateurs dans les yeux de Cécilia.

Piranese, au dernier mot de sa mère, se retourna vers la jeune demoiselle, et l'embrassa stupidement et à la hâte, sans lui parler, sans la voir.

Cécilia, maîtresse de son émotion, à force

de dévouement à sa mère, ne laissa rien apercevoir qui pût la distinguer de toute autre jeune fille modeste et timide, à la veille de se marier avec l'époux de son choix.

La marquise Piranese, femme d'expérience et de perspicacité, avait seule gardé son sang-froid, et elle se chargea de diriger la situation.

— Réunis un instant pour nous séparer ! dit-elle en prenant les mains de son fils, permettez-nous quelques larmes, Messieurs; l'heure est triste !

— Oui, ma mère, l'heure est mauvaise, dit Piranese; ce château n'en entend pas sonner d'autres, même dans les jours de fête.

— N'attristons pas ces enfants, dit la comtesse, gardons le chagrin pour nous.

Un faux sourire courut sur son visage, comme un rayon du soleil couchant qui perce un ciel orageux, et illumine tristement l'horizon.

— Oui, poursuivit la comtesse, faisons le bonheur de ces enfants, avant tout. Voyons; tenons un conseil de famille, et arrêtons un plan... Asseyons-nous, d'abord... Vous restez debout, Piranese?

— Eh! mon Dieu, Madame, ma berline m'attend là... Je suis dans un état... le service du roi... Voyons, parlez, Madame; nous sommes à vos ordres.

La comtesse se pencha vivement à l'oreille de la marquise Piranese, pendant que son mari était au fond de la salle, et lui dit :

— Vous remarquerez, Madame, que votre fils n'a pas encore jeté un seul coup d'œil sur Cécilia.

La réponse à ces paroles fut un regard vers le ciel et un soupir.

— Hier, dit ensuite la comtesse à haute voix, et avec un accent plein de calme, hier, j'ai fait mes invitations ; j'ai prié peu de monde, quelques familles de nos intimes et de nos alliés : les Velletri, les Spada, les Ludovisi, les Braschi. J'ai envoyé mes ordres à madame Lefèvre, la bonne faiseuse de Paris, pour le trousseau; elle vient aujourd'hui se concerter avec nous, et en six jours elle livrera le plus indispensable de la toilette; c'est convenu...

— Pardon, ma chère amie, dit Piranese en interrompant sa femme, vous avez donc fixé le jour?

— Sans doute, mon ami; nous faisons la noce jeudi prochain, dans huit jours; c'est arrêté avec votre mère.

— Tout le monde a consenti?

— Tout le monde. Voulez-vous recueillir les voix? Vous d'abord, mon cher Piranese, vous avez consenti, cela va sans dire. M. Émile Dutretz...

— Oh! Madame, je voudrais retrancher sept jours, dit Émile avec feu.

— Madame Piranese...

—Puisque vous me donnez voix délibérative, je donne mon consentement de tout mon cœur, dit la marquise.

— Et toi, ma bonne Cécilia? dit la comtesse avec une fermeté d'organe qu'un homme eût enviée dans pareille situation, et toi, ma fille, acceptes-tu la noce dans huit jours?

Piranese s'arrêta derrière le fauteuil d'Émile et appuya fortement ses mains sur le bois.

Une voix musicale et veloutée monta dans le salon, comme un accord de mélodie; c'était la voix de Cécilia qui répondait :

— Oui, ma mère ; j'accepte volontiers tout ce qui vient de votre cœur et de votre main.

Piranese cette fois ne fut pas maître de ses yeux ; il regarda Cécilia, et ses mains convulsives ébranlèrent le fauteuil de son ami. Ce coup d'œil donné à la jeune fille fut court, mais aurait-il été suivi d'une longue contemplation d'amour, il n'eût pas bouleversé davantage l'infortuné jeune homme. Cette irradiation de beauté qui jaillit du visage et du corps de Cécilia porta le dernier coup à Piranese ; il sentit s'échapper sa raison ; il ressemblait au voyageur que le soleil de la zone torride frappe de délire à midi. Dès ce moment ses paroles et ses actions ne lui appartenaient plus ; cette noble intelligence, dominée par une passion, était abandonnée au hasard.

L'homme atteint de folie subite vit quelque temps sous l'empire des idées qui ont accompagné les derniers instants de sa raison, et répète obstinément les mêmes phrases qu'il prononçait alors; c'est un mécanisme de lèvres qui fonctionne sans le secours du cerveau. Piranese frappa du pied le parquet, marcha droit vers sa mère et sa femme, avec un sourire d'aliéné, en disant : — Ma berline est là, Madame; le service du roi avant tout; à cheval! à cheval! en route sur Rimini!

Les dames et Émile se levèrent, tous agités en sens divers, selon le degré de leur pénétration; mais personne pourtant ne comprit à quel degré d'égarement le jeune comte était arrivé.

— Mon cher ami, lui dit la comtesse avec

une voix caressante, non, non, vous ne partirez pas ainsi...

— Oh! Madame! le service du roi avant tout! A cheval! route de Rimini!

— Mais la guerre n'est pas commencée, mon cher Giampolo; allez à Rimini, à la bonne heure; allez faire une visite au roi de Naples, et soyez de retour dans huit jours; vous repartirez après la noce.

— Ah! voilà qui est raisonnable! dit Émile.

— Très-raisonnable! dit Piranese comme un écho; très-raisonnable! Le service du roi avant tout. Luigi! Luigi! à cheval! à cheval! Joachim Murat est entré en campagne! et nous sommes occupés ici à faire le trousseau d'une mariée ! En avant ! Route de Rimini !

Il fit quelques pas vers la porte; sa mère courut à lui.

— Eh bien ! lui dit-elle, tu ne nous fais pas tes adieux ?

Piranese se retourna machinalement, et se laissa embrasser par sa famille et son ami. Luigi parut sur le seuil, un fouet de postillon à la main; en le voyant, Piranese s'arracha vivement des bras des femmes, et sortit en criant :

—Le service du roi avant tout !

Et la berline partit au grand galop.

— Je vous l'avais bien annoncé, dit Émile après le départ de son ami, vous le voyez, la guerre est son idée fixe ; on le croirait fou, à le voir et à l'entendre. Depuis qu'il a reçu son brevet, il a oublié femme, fille, mère, ami ; il ne rêve que Joachim Murat ; mais je vous promets qu'il nous reviendra dans huit jours.

La comtesse et Cécilia s'étaient assises, et gardaient un silence triste qu'Émile n'osa interrompre par de nouvelles réflexions.

— Monsieur Emile Dutretz, dit la marquise Piranese, nous irons ensemble à Rome pour nos petits préparatifs de mariage ; n'est-ce pas, Rosa, ma fille ?

La comtesse fit un signe d'acquiescement.

— Madame, dit Emile à la marquise, je suis à vos ordres ; nous n'avons pas de temps à perdre.

— Soyez tranquille, tout sera prêt, le jour venu.

— Ne trouvez-vous pas que mon mari avait une singulière agitation dans toute sa personne? dit la comtesse à l'oreille de la marquise.

— Je n'ai pas remarqué cela, ma chère fille, répondit madame Piranese avec cet air embarrassé qui signifie tout le contraire de ce qu'on dit.

La comtesse entraîna sa belle-mère dans l'embrasure d'une croisée, et lui dit d'un ton effrayant, et d'une voix sourde :

— Madame, nous savions que Cécilia était amoureuse de mon mari ; mais nous ignorions que mon mari fût amoureux de Cécilia. N'importe, Madame, vous verrez si je soutiendrai mon rôle de femme forte jusqu'au bout.

Puis, se tournant vers Emile :

— Pardon, mon gendre, lui dit-elle avec une figure riante, excusez-moi si je vous cache quelque chose ; c'est une surprise que nous ménageons à mon mari. Maintenant, allons tous respirer un instant sous les peupliers. Venez, Cécilia. Nous renvoyons les affaires et les emplettes à demain.

XII.

La villa Piranese est en fête; et la plus riche et la plus belle des héritières romaines vient d'être bénie matrimonialement à l'église de Jésus, et son mari la ramène à la campagne; la noce profane va succéder à la cérémonie religieuse. Les jeunes paysans et les brunes contadines d'Albano et de Tivoli dansent sur les pelouses de l'Anio, où la munificence des maîtres a dressé des tables immenses chargées de *fiaschini*, de pâtisserie, de limons, d'oranges et de liqueurs. Dans ce coin du tableau, la joie est au comble. La gaîté semble beaucoup moins vive au bal des dames; Cécilia, la jeune mariée du matin, est venue se mêler aux quadrilles; mais sa figure pâle et sa démarche mélancolique communiquent à la ronde une sombre contagion de tristesse. Les deux dames Piranese luttent héroïquement contre des souffrances intérieures pour faire bon accueil aux invités; par intervalles, elles donnent à leurs amies ce sourire forcé qui meurt languissamment sur les lèvres, sans remonter aux yeux.

Au reste, cette fête sans joie expansive est

expliquée par tout le monde dans un sens qui paraît naturel.

On sait que le comte Piranese est absent, et qu'attendu la veille, son retard sème de l'inquiétude dans sa famille; on sait aussi que les deux époux ne jouiront pas sans larmes de leur lune de miel, et que le premier coup de canon séparera ces mariés que l'on suppose si vivement épris d'un amour mutuel et si heureux d'être unis. Le seul Émile a pris la fête au sérieux. Il explique et il excuse la tristesse fardée de sourire qui règne autour de lui, mais il est inondé de tant de bonheur, qu'il s'est décidé à savourer ce bonheur en égoïste, sans se préoccuper des faiblesses des femmes. Il est marié: voilà l'important et l'indissoluble; il a épousé cette divine Cécilia qui lasserait tous les pinceaux de l'école romaine avant qu'un artiste pût reproduire un visage et un corps dignes des voluptés du ciel. La jeune épouse marche nonchalamment suspendue au bras d'Émile : elle a reçu les instructions de sa mère, elle s'y soumet religieusement, et jamais, dans ses entretiens, elle ne laisse échapper une parole qui puisse contrister son époux; victime résignée, elle garde ses amertumes et les cache soigneusement. Partout, quand elle passe, des murmures d'admiration éclatent ; ils ne peuvent émouvoir son orgueil de femme; mais Émile triomphe pour elle; il s'enivre de cet encens, il s'exalte de cet enthousiasme, il sent que sa passion s'augmente de tout ce délire d'étonnement qui environne Cécilia; et quand il arrive sur les pelouses de l'Anio, parmi ces groupes de peuple dansant, oh! alors ses désirs frénétiques s'impatientent de la longueur du jour, car les jeunes filles accourues d'Albano, de Tivoli, d'Aricia, toutes belles à ravir un artiste, toutes fraîches et constellées de grands yeux noirs sous leur bandeau écarlate, se précipitent, avec une furie de curiosité italienne, au devant de Cécilia, et moins réservées que les grandes dames, elles se récrient de surprise, et entonnent un hymne d'admiration, dans cette belle langue romaine qui a été inventée pour la bouche des femmes et pour les allégresses de l'amour.

Mais de toutes ces voix qui s'élevaient autour de lui, la plus angélique restait muette, et le jeune époux parut enfin s'inquiéter d'un silence que la modestie et la timidité n'excusaient pas suffisamment.

— Ma chère Cécilia, dit-il avec une voix

tremblante d'amour, depuis ce matin votre bouche charmante ne s'est pas ouverte ; votre voix arrive à mon cœur comme une mélodie aimée, et je soupire après une seule de vos paroles, comme ce brin d'herbe desséché après la goutte d'eau du fleuve. Dites-moi que ce jour est un beau jour, que cette fête vous plaît, que la joie de ces jeunes filles vous rend joyeuse ; dites-moi un de ces mots harmonieux qui enchantent et font tressaillir ; et je bénirai le destin qui me donnera ce moment.

Cécilia inclina sa tête sur l'épaule, et jeta obliquement sur Émile un long regard qui n'exprimait que la mélancolie ; puis elle dit avec langueur :

— Oui, ces jeunes filles sont heureuses, et

je donnerais ma belle robe blanche, mes dentelles, mes diamants, pour être leur sœur, et danser gaîment avec elles. Il ne faut pas que mon époux s'afflige de ce que je dis là; mon époux connaît mes chagrins, et j'aime mieux garder le silence que lui donner de la tristesse en pensant aux malheureuses circonstances qui accompagnent notre mariage, et qu'il connaît aussi bien que moi.

— A votre âge, ma belle Cécilia, les pensées amères sont fugitives; rendez, au moins pour aujourd'hui, à votre âme son angélique sérénité. Abandonnez-vous aux distractions de cette fête, dont vous êtes la déesse adorée; oubliez la veille, ne pensez qu'au jour.

— C'est au lendemain que je pense.

— Le lendemain est dans les secrets de Dieu.

— Oh! croyez bien que mes pensées ne m'appartiennent pas, que j'existe au hasard, que je marche entourée de visions et de songes, que je doute de ce que je vois, que je confonds les réalités du jour avec les rêves de la nuit. Le ciel est bien éclatant sur nos têtes, n'est-ce pas? Eh bien! il me paraît terne et sans rayon. L'eau de ce fleuve est limpide, je la vois plombée. Ces arbres ont la verdure du printemps, je les trouve sombres comme des cyprès. Ce gazon s'amollit sous vos pieds comme du velours; c'est pour moi un sentier de ronces. Je ne me sens pas vivre. Que mon époux me pardonne si je lui dis ces choses; c'est encore malgré moi, et comme à mon insu, que je les dis.

— Vos afflictions, ma chère Cécilia, sont plus grandes que je ne croyais, l'absence du mari de votre mère et mon départ prochain pour l'armée ne bouleverseraient pas votre âme à ce point. Il y a quelque horrible secret au fond de cette histoire domestique...

Cécilia regarda son mari avec une expression indéfinissable, et fit un signe négatif.

— Ma mère pleure depuis neuf jours; elle pleure à mes côtés, la nuit; le noble comte, son époux, n'a pas écrit une seule lettre, et la nuit va tomber sur le neuvième jour qui meurt après son départ; moi, j'attends des adieux tristes pour mon lendemain de noces. Voilà les secrets de ma douleur. Il me semble qu'ils sont suffisants.

Et Cécilia cacha ses larmes avec sa main.

Emile l'entraîna dans un sombre massif d'arbres, et lui avec tout le feu de sa passion :

— Ecoute, Cécilia ; depuis ce matin, ta famille, c'est moi, moi seul. Je ne veux pas que mon départ te cause une douleur de plus ; tu vas voir si je t'aime ; je sacrifie à tes pieds divins mon honneur et ma gloire ; j'oublie mes devoirs ; je ne suis plus soldat, je suis ton amant, ton époux ; je reste.

Le jeune homme, en délire, serra vivement Cécilia dans ses bras, et cette étreinte d'amour, cette ondulation électrique, ce divin visage, ces nobles boucles de cheveux, ce cou d'ivoire, ce sein qui se révolta, en laissant dans la poitrine d'Emile comme deux empreintes de feu, toute cette révélation de la femme vue de si près le brisa de bonheur, et fit battre ses artères d'une fièvre de lave.

— Non, dit-il encore d'une voix sourde, non, je ne te quitterai pas pour un trône, ô la plus belle des filles du ciel!... dis-moi si tu es contente de ton époux?

Avec ce merveilleux sang-froid que les femmes savent garder devant l'obsession la plus impétueuse de l'homme, Cécilia éluda la question d'Emile; elle repoussa modestement et sans affectation ses vives caresses, comme si elle n'avait eu à leur reprocher que leur inopportunité. — Venez, venez, dit-elle; rejoignons le monde; on remarquera notre absence... Oh! écoutez! écoutez! les jeunes filles chantent!..... mon-Dieu! que j'aime à les entendre, le soir!

Ces jeunes filles chantaient en l'honneur de Cécilia l'ancien épithalame des vierges de l'Anio.

Les voix mélodieuses des belles Romaines chantaient ainsi l'épithalame, comme autrefois, à la veillée des fêtes de Vénus; l'antique mélopée de Tibur, conservée d'âge en âge dans les traditions des montagnes, réjouissait le fleuve, le bois, la colline; et toutes les harmonies du soir, mêlées au retentissement lointain des cascatelles, accompagnaient, comme un orchestre aérien, le chant des jeunes artistes, filles d'Albano et d'Aricia.

Émile ne voyait que Cécilia, et ses yeux s'éteignaient d'amour.

Un groupe de jeunes seigneurs romains marchait vers les deux époux, et le comte Fiano, s'avançant le premier, sollicita l'honneur de danser avec Cécilia, et lui présenta respectueusement la main. La jeune épouse hésita un instant; puis elle suivit son danseur dans le quinconce du bal. L'orchestre jouait un air de contredanse pris dans l'opéra *Zingari in Fiera*, le même air qui accompagnait le quadrille, le jour où le comte Piranese dansait avec la Cécilia de douze ans. Le hasard avait fait cela, comme il fait toute autre chose. Ceux qui crient à l'invraisemblance n'ont jamais subi les combinaissns intelligentes du hasard.

Émile était resté sur le bord du fleuve, et il aspirait, avec ses lèvres mobiles, le sillon d'air embaumé qu'avait suivi le corps divin de sa femme.

Rien ne ressemblait plus à de la joie que le bruit du bal, aux dernières lueurs du crépuscule. Cécilia dansait comme aux jours tranquilles de son enfance : le bal adoucit les souffrances des jeunes femmes; l'air d'un quadrille aimé est un baume qui suspend les inquiétudes du cœur, et les guérit quelquefois; la fièvre harmonieuse des pieds donne du calme à la tête. Cécilia, enivrée par ses distractions favorites, ne s'apercevait pas qu'en face d'elle, dans un cadre d'ombre et de feuilles massives, deux yeux de flamme suivaient tous ses mouvements.

Une salve de fanfares éclata sur la terrasse

du château; un cri de joie retentit dans le bal ; Cécilia s'arrêta tout court au milieu d'un pas, et se sentit défaillir. La comtesse Piranese annonçait le retour de son mari à tous les invités de la villa.

C'était déjà lui qui, descendu du perron où l'attendaient sa femme et sa mère, accourait au bal, où l'orchestre exécutait un air de quadrille qu'il n'avait jamais oublié. Piranese retrouvait Cécilia sous ces mêmes arbres, où il avait dansé avec elle, à l'âge innocent qui la protégeait contre les aveux de l'amour ; la répétition des accidents de la même scène le reporta quelques années en arrière ; ce qu'il avait entrevu alors dans l'avenir se réalisait avec toutes les séductions du présent. L'enfant était devenu cette jeune femme merveilleuse de grâce et de beauté, qui attachait les yeux d'un peuple d'admirateurs aux franges flottantes de sa robe d'épouse. Piranese, qui avait perdu sa raison, pendant quelques heures, à son départ de la villa, et ne l'avait complètement retrouvée que dans les bras de Joachim Murat et dans le tumulte des camps, trembla de ressentir encore ce terrible ébranlement de cerveau qui l'avait jeté à deux doigts de la folie ; il abandonna donc la place dangereuse d'où il assistait au bal, et vint respirer sur la pelouse de l'Anio.

Il se trouva en face d'Émile, qui le reconnut subitement dans l'ombre, et s'écria :

— Arrivé ! oh ! béni soit le ciel !

Piranese se laissa nonchalamment embrasser, et ne répondit que du bout des lèvres aux caresses de son ami.

— Oui, me voilà de retour au jour promis, dit-il avec un effort de voix.

— Tu as tenu parole, mon cher Pira. Oh! j'aurais renvoyé mon festin de noces à demain, plutôt que de faire sans toi mes libations d'hyménée. As-tu vu ma femme?

— Non.

— Elle est adorable! elle est aujourd'hui d'une distinction de beauté incroyable!... J'ai passé cinq jours à Rome, seul, pour soigner sa toilette; six jours de veuvage avant l'hymen!... Mais je te retiens ici, par étourderie... Viens donc voir ta ravissante fille.

— Émile... je la verrai... plus tard... nous avons à causer.

— Ah! des affaires de famille... d'intérêt.....

— Émile, c'est pour moi un profond chagrin de te dire que je ne suis pas content de toi.

— Que dis-tu là?

— Oui. Tu ne saurais t'imaginer de quelle douleur j'ai été saisi en voyant cette fête!

— Mais cela n'a paru déraisonnable à personne. Tous les invités savent que tu devais arriver ce matin à la villa; que ce mariage si hâté trouvait son excuse dans les circonstances...

— Tu ne comprends pas, Émile.

— C'est possible, explique-toi.

— J'arrive d'un camp où personne ne songe ni à donner un bal, ni à se marier. Mes mains sont encore brûlantes des adieux d'un roi, d'un héros qui a abandonné, lui, une femme céleste, un trône, un palais de marbre, une ville d'enchantement, pour saisir l'épée de soldat, et commencer une guerre à mort.

— Eh bien ! je le sais, mon cher Pira.

— Tu le sais ! et que fais-tu là !.. On danse à la villa Piranese ! on se bat, à cette heure, peut-être, pour l'indépendance de l'Italie ! Un instant perdu ici est un crime, un crime déshonorant. J'ai demandé au roi un congé de quatre jours, et je viens t'enlever à tes plaisirs. Toi seul, Émile, tu as fait remarquer ton absence à la cour militaire du roi ; Felice Mattei, lui-même, est à cheval à côté de Murat. Il a soixante ans, Felice Mattei ! Sais-tu ce que nous avons fait, le 30 mars, à Rimini ? Nous avons proclamé la liberté de l'Italie. C'est un gant jeté à l'Europe : le général Bianchi l'a ramassé. Les Autrichiens se préparent à marcher sur la Toscane. Joachim Murat compte entrer à Florence dans quinze jours. Autour de nous, les populations se soulèvent; les augures sont favorables; mais chacun doit payer de sa personne. Il faut plus que du dévouement, il faut de l'héroïsme antique, il faut des actes sublimes et irréfléchis, entends-tu, Émile ? Songe qu'une heure de retard peut te flétrir, qu'une résolution instantanée doit te couvrir de gloire; songe que le sort d'une armée dépend quelquefois d'un homme et d'un moment.

— C'est à merveille, dit Émile avec un sang-froid affecté; je partirai.

— Quand?

— Demain.

— Émile, adieu. Je partirai seul.

—Mon cher Pira, donne-moi le poste d'Horatius Coclès à garder, après demain, sur le *ponte-Mole,* je l'accepte; mais au nom de Dieu! ne me parle pas de partir sur-le-champ: c'est une folie, et une de ces impossibilités qui sont impossibles.

—J'ai engagé ma parole d'honneur, d'arriver avec toi, au camp, vendredi à deux heures du soir; pour être exact, il faut partir d'ici à neuf heures; il en est sept. Felice Mattei s'est rendu garant comme moi de ton exactitude... Que dis-tu?... voyons.

—Mais ce n'est pas de l'héroïsme qu'on me demande, c'est un véritable suicide! s'écria Émile, les mains jointes par dessus sa tête.

— C'est un devoir de soldat, dit froidement Piranese.

— Oh! mon Dieu! est-ce un rêve?... on

veut m'arracher... non... je ne ferai que mon devoir... rien de plus... Je partirai demain...

— Demain, dis-tu? Eh! demain, le pouvoir d'une femme te demandera un jour encore, puis encore un jour. Ce soir, toute l'énergie de ta volonté t'appartient; demain, tu seras le sybarite tourmenté par le pli d'une rose; tu seras une femme demain...

— Pira, c'est inutile : toute ton éloquence antique ne prévaudra pas contre ma résolution. Je ne partirai pas.

Et le jeune homme fit quelques pas vers le quinconce du bal, comme pour briser là cet entretien. Piranese le rappela.

— Où vas-tu, Émile?

— Je vais voir ma femme.

—Écoute, Émile...

—Non, non, je n'écoute plus rien. Je regarderais comme mon plus mortel ennemi l'homme qui me forcerait à partir, s'il ne s'appelait Giampolo Piranese. Mon Dieu ! comme la manie de la guerre t'a saisi tout à coup ! Tu n'étais pas ainsi autrefois.

— Émile, encore un mot, écoute.

— Veux-tu me répéter la même chose ?

— Non... eh! mon Dieu! voyez comme les plus vives amitiés se refroidissent!... Émile, donne-moi ta main...

—Tu trembles!... Tu es bien agité, Piranese!

—C'est que tu ne sais pas combien ton devoir... ton honneur...

—Oh! tu m'effraies! Tout ton corps est en convulsion...

En ce moment, la cloche de la ville sonna l'heure du festin de noces. Émile tressaillit...

—Piranese! Piranese! dit-il, on appelle les mariés au festin; on ne danse plus... calme-toi... montre ta figure de tous les jours...

—Mais tu partiras après le repas, Émile... dis...

—Mon ami, reviens à toi... Ne prends pas autant de souci de mon bonheur...

— C'est une raillerie ! Oh ! tu plaisantes dans ce terrible moment, Émile !

— Eh ! mon Dieu ! je ne suis pas d'humeur de railler... mais je ne crois pas le moment aussi horrible que tu le penses.

— Épouvantable ! épouvantable ! s'écria Piranese, les bras levés au ciel, et le visage collé sur le visage de son ami ; c'est un moment comme ce fleuve n'en reverra plus ! Émile, appelle Dieu à ton secours ; la foudre va t'écraser... j'aime Cécilia !

Émile poussa un de ces cris surhumains que nous trouvons dans nos rêves, et qui nous réveillent en sursaut, et sa tête tomba sur sa poitrine, comme si le bloc détaché de la montagne l'eût frappé au front. Piranese laissa tomber ses bras rudement, croisa ses mains, et, le visage incliné, il regardait Émile avec des yeux qui semblaient attachés sur la terre, et qui mentaient à leur direction.

Il y eut un silence de quelques instants.

La cloche appelait toujours les convives avec une obstination joyeuse.

— Il faut donc, dit Émile d'une voix sanglotante, il faut que je me précipite dans ce fleuve, tête première ; cette cloche sonne le glas de mon agonie !

Émile avait dans son organe une telle expression de douleur que Piranese fut bouleversé d'une émotion de tendre amitié : il contemplait cet excellent jeune homme, que le désespoir venait saisir dans les apprêts de ses noces, et qui accueillait par une plainte déchirante ce coup de sort immérité. Un intérêt touchant environnait ce gracieux étourdi dans sa toilette de bal, et tout brillant encore de cette élégance incomparable qui distingue la jeune noblesse parisienne. De poignants remords tombèrent dans l'âme de Piranese; il lui sembla qu'il venait de commettre un crime, d'assassiner le meilleur des amis. Par une de ces révolutions subites qui arrivent dans ces heures solennelles, Piranese passa de l'agitation extrême au calme réfléchi : la bonté du cœur, ce sentiment divin, l'emporta sur la violence de l'amour; il tendit les bras au malheureux Émile, comme pour le préparer par un geste amical à une parole conciliante et réparatrice.

— Viens, Émile, lui dit-il avec une voix douce et mélancolique, viens; je t'ai blessé, le sang m'est monté au cerveau, ton cri d'agonie m'a rendu la raison; viens, je veux te guérir; pardonne-moi... dans une heure, j'aurai quitté seul ma villa; seul, entends-tu?... Aime Cécilia, et sois heureux.

Émile regarda quelque temps Piranese.

— Oui, dit-il, cent fois cette horrible idée m'a traversé le cerveau, lorsque je ne pouvais me rendre compte de ton égarement; mais j'étais honteux de cette idée; j'en rougissais dans mon cœur... et puis... Oh! Piranese! comme tu m'as trompé!... que de ruses de langage tu as tournées contre moi!...

— Eh! mon ami, que pouvais-je faire?...

Mais les moments sont précieux ; viens ; il faut nous montrer à notre société; dans une heure tu seras seul avec Cécilia.

— Et demain...

— Demain, seul encore avec elle... et toujours!

— Et l'armée? et Joachim Murat?...

— Tout cela n'était qu'une ruse. Tu vois que je suis franc. Je voulais t'entraîner avec moi, et gagner du temps. Le roi ignore même ton arrivée à Rome. Oublie tout ce que je t'ai dit; tout est faux.

— Oh! que de mensonges contre un ami!

— Émile, tu me pardonneras... Viens, et

composons-nous des visages de fête... Tu ne saurais croire combien l'aveu que je t'ai fait, dans mon délire, m'a soulagé le cœur! Maintenant, je respire à l'aise... viens.

— Piranese, donne-moi un peu de ton calme; j'en ai besoin... Toutes nos scènes antérieures me reviennent à l'esprit... Oh! que tu as été habile à me tromper, moi si confiant!...

La cloche sonna pour la troisième fois.

— Allons, dit Émile avec un soupir; oublions... s'il est possible d'oublier!

Les deux jeunes gens remontèrent en silence la grande allée. Le couvert était mis sur la terrasse; les invités avaient quitté le bal et la promenade et se formaient en groupes inquiets devant le château. La comtesse Piranese, en apercevant son mari et Émile, fit distribuer les places, et invita la compagnie à s'asseoir.

Tous les visages se firent riants, et la table fut couronnée de convives.

XIII.

On ignorait généralement, dans cette société, les relations qui existaient entre la cour de Naples et la famille Piranese; mais on présumait que le comte avait rapporté de son voyage des nouvelles politiques fâcheuses que, par prudence, il n'ébruitait pas.

La marquise Piranese parut sur le perron, tenant par la main la jeune mariée; ces dames prirent leur place au centre de la table, à côté d'Émile; Piranese était en face; la comtesse, trois sièges plus loin. En tout le nombre des convives s'élevait à quarante. Sur un signe de la comtesse, les musiciens d'*Argentina* et de *Valle*, rangés en amphithéâtre derrière la table, commencèrent une symphonie qui fut comme l'ouverture du festin.

Madame Piranese sauvait ainsi, par les distractions de la musique, beaucoup d'embarras aux convives. Cette noble femme avait seule conservé beaucoup de calme dans une situation équivoque pour tout le monde, et inexplicable pour plusieurs; elle avait su donner à son visage des lignes reposées, par une énergique résolution de l'âme. Rien ne vous fortifie, dans un moment orageux, comme une décision prise pour les extrêmes nécessités de l'avenir.

La symphonie achevée, on n'entendit plus que le bruit discordant qui s'élève d'une table tourmentée par des convives en fonctions.

Ce silence était sinistre dans une fête : personne n'osait l'interrompre ; chacun comptait sur son voisin pour entamer une de ces conversations qui commencent, à table, par des duos languissants, et finissent par un chœur général, où tout le monde parle à la fois.

Un noble savant de la famille des Piranese,

Lorenzo Vascagli, interpella brusquement le comte par une question oiseuse.

— Cousin, croyez-vous que les trois colonnes que Camporesi a extraites des entrailles du Forum aient réellement appartenu au temple de Jupiter Tonnant?

Piranese regarda fixement Vascagli, et répondit au hasard :

— J'en doute fort, cousin Vascagli.

— Quant à moi, dit le comte Fiano, je penche pour le temple de Jupiter Stator. Qu'en dites-vous, Piranese?

— Mais cela pourrait bien être aussi.

— Il y a un fait évident pour moi, dit le savant Vascagli ; un fait constant que j'ai établi. Le temple de Jupiter Stator était dans l'enceinte Capitoline; en voici la raison : dans sa première Catilinaire, Cicéron s'adresse au temple de Jupiter Stator, qu'il semble désigner du doigt, comme très-rapproché : *Tum tu, Jupiter, qui iisdem auspiciis... à Romulo....* Vous voyez que c'est très-clair... N'est-ce pas, cousin Piranese?

— Cela me paraît assez clair, cousin Vascagli.

— Vous oubliez donc, dit le comte Fiano, que Cicéron parlait dans le temple de la Concorde...

— Qui était au Capitole, dit Vascagli.

— Sous le Capitole, dit Fiano.

— Dans le Capitole, dit Vascagli. Piranese, vous qui avez étudié cette question...

— Le temple de la Concorde était à côté de la prison Mammertine, dit Piranese.

— Vous faites erreur, dit Fiano, il était vis à vis.

— Il était par dessus, dit le savant, sur le mur du *Tabularium*.

— Je pense, moi, dit un autre savant, Carlo Antonini, je pense que le temple de la Concorde n'a jamais existé.

— Oh ! s'écria Vascagli.

— Un moment ! un moment ! dit Carlo Antonini; il m'est prouvé, dans une brochure que j'ai publiée, il m'est prouvé victorieusement que Cicéron assembla le sénat, *in loco munitissimo,* au Capitole donc, et dans le temple de Jupiter Capitolin, qui prit, à cette occasion, et pour la seule circonstance, le nom de temple de la Concorde; ce qui était une invitation monumentale faite aux citoyens d'oublier leurs dissensions et de se réunir contre l'ennemi commun.....

— Et comment appellerez-vous alors le temple qui est au pied de la roche Tarpéienne? dit le comte Fiano.

— Je ne l'appellerai pas, dit Antonini. Est-il bien nécessaire qu'une ruine ait un nom?

— Voilà une singulière conversation pour un festin de noces! dit la marquise Furinola en riant aux éclats, afin de donner une forte impulsion de gaîté à tous les convives.

— Mais c'est fort intéressant ce que disent ces messieurs, dit la comtesse Piranese.

— Oh! c'est vraiment une horreur, dit le comte Fiano, de parler d'antiquités devant tant de jeunes et jolies dames! pour moi, je fais amende honorable.

— J'ai vu le moment où ces messieurs se battaient pour le temple de la Concorde, dit la marquise Furinola, toujours riant avec une folie non contagieuse.

— Il nous a manqué Felice Mattei, dit le

comte Fiano; c'est un habitué du musée de Vescovaglia. Où donc est-il, Felice Mattei, comte Piranese?

— Felice Mattei?... il voyage... en Sicile, je crois.

— Felice Mattei est en Angleterre, dit Carlo Antonini; il est auprès de la duchesse de Devonshire qui a le projet d'exhumer la colonne de Phocas au Forum.

— Il n'y a point de colonne de Phocas au Forum, dit Vascagli.

— Ah! fort bien! s'écria la marquise Furinola, voilà notre discussion qui recommence.

— Pourtant, Felice Mattei, dit Vascagli...

Il fut arrêté tout court par l'orchestre qui fit explosion à un signe de la comtesse Piranese. Les musiciens jouaient l'air de la *Vestale*: *O toi de mes périls le compagnon fidèle!*

Piranese remplit son verre, le porta à ses lèvres, en regardant amicalement Émile, et le salua. Émile fit la même chose, et sembla dire, par un signe, qu'il avait compris cette allusion à l'air de Spontini.

Les dernières mesures de l'air furent couvertes par un bruit de voiture et un galop de cheval. Tous les regards se portèrent avec inquiétude du côté de la grille.

Bientôt après Luigi vint parler bas à l'oreille de Piranese.

— Faites approcher, dit le comte.

Un homme couvert de poussière descendit de cheval, et demanda monsieur Émile Dutretz.

Piranese lui indiqua du doigt son ami.

L'envoyé remit un pli à Émile.

Émile lut et pâlit ; puis ses yeux étincelèrent, et ses joues prirent une teinte écarlate.

— Comte Piranese, dit-il, connaissez-vous cela ?

— Non, répondit Piranese avec un accent naturel.

— Voyons si vous le reconnaîtrez, quand vous l'aurez lu.

— Fais passer.

Émile lança le pli sur l'assiette de Piranese. Celui-ci lut le billet. Il était ainsi conçu :

« Sa majesté le roi de Naples, ayant appris
« que le brave officier français, M. Emile
« Dutretz, est à Rome, l'appelle à son ser-
« vice, lui donne le grade de chef d'escadron,
« et le prie de partir, sans retard et sur-le-
« champ, pour joindre son corps. Les cir-
« constances sont graves, et le roi a besoin de
« bons officiers; il compte sur M. Emile Du-
« tretz; la maison royale lui fournira ses
« équipements et son costume de campagne;

« une chaise de poste est à sa disposition.

« De par le roi,

« Le comte DAURE. »

Ce billet était revêtu du seing royal.

— Voilà qui m'étonne bien ! dit Piranese après avoir lu le billet.

Un silence solennel, comme un pressentiment, régnait parmi les convives.

— Ah ! cela te paraît étonnant, dit Emile avec un sourire de fou.

— Je n'y comprends rien...

— Personne d'ici n'a trempé dans cette odieuse trame?

— Personne, je te le jure, Emile.

— Vous mentez, comte Piranese, dit Emile d'une voix de tonnerre, et se dressant de toute sa taille.

— Emile! Emile! dit Piranese, quelle étrange plaisanterie me fais-tu là?

— Comte Piranese, vous êtes un lâche!

Et il arracha le fanon où brillaient les armes de Piranese et le foula aux pieds.

Tous les convives se levèrent à la fois. Les dames se sauvèrent d'épouvante vers les allées. Les hommes se précipitèrent entre Emile et Piranese. On emporta Cécilia évanouie. La seule comtesse Piranese garda son sang-froid, et marcha vers Emile d'un pas résolu.

— Ne m'arrêtez pas! ne m'arrêtez pas! s'écriait Émile au comble de la fureur; je frappe le premier insolent qui me retient!

Et il faisait briller dans sa main un large couteau effilé comme un poignard.

Piranese était resté à sa place, foudroyé, anéanti, le front sur ses mains.

— Vous qui me retenez, vous ne savez pas qu'un ordre impérieux et sacré m'appelle! Laissez-moi partir, ou je vous révèle des choses qui feront trembler ce sol! Si le comte Piranese veut me rejoindre, il sait où je vais.

— Oui, je te rejoindrai, dit Piranese d'une

voix étaient, et tu expireras de remords.

Personne n'entendit ces dernières paroles du comte.

Emile se précipita dans la chaise de poste, et les chevaux brulèrent le pavé de la voie romaine.

Une heure après, de tout ce monde en fête, il ne restait plus sur la terrasse qu'une table dévastée, et deux personnes qui se regardaient avec effroi, le comte Piranese et sa femme.

— Cette villa est maudite dans ses fêtes! dit Piranese; l'enfer est dans cette atmosphère de parfums... Madame, vous partirez demain pour votre château de Tolentino, avec ma

mère et votre fille. Ce lieu est désormais inhabitable. Moi, je vais où la fatalité m'appelle. .
Adieu, madame, adieu.

XIV.

Nous sommes aux premiers jours du mois de mai 1815 : c'est la semaine des fleurs. Toutes les voix de la nature vous invitent alors à vivre d'une vie d'amour, dans cette heureuse Italie qui ne fut inventée que pour les arts et le plaisir.

Autour du château de Tolentino les collines rient dans l'azur, se voilent de draperies vertes, se baignent dans de petits torrents qui sont joyeux d'avoir brisé les chaînes glacées de l'hiver.

L'homme, né pour vivre peu, s'apprête, sans doute, à savourer ce nouveau printemps, à serrer dans ses bras cette nature ressuscitée, à boire cette infusion voluptueuse d'or ou d'azur qui coule du ciel, à chanter ses amours avec les oiseaux et les cascades, à rire de volupté dans ce radieux horizon de bonheur.

Non, cela déplaît aux Autrichiens. Le général Bianchi a chargé ses canons, le 1er du mois de mai, contre les collines, contre les amours, contre les fleurs. Soldat stupide! que les hommes se tuent, pour tuer le temps, sous le ciel plat et ennuyeux de l'Allemagne, de l'Angleterre, de la Russie, cela se conçoit ; mais ici, et dans cette saison !

Oh ! divine Italie, pardonne-leur, ils ne savent ce qu'ils font.

Les nuages montent, l'azur s'éteint, les oiseaux se taisent, les arbres pleurent ; la campagne de Tolentino tremble sous le canon de Bianchi ; la fumée de la bataille s'élève sur la colline comme une coupole de deuil. Par intervalles, la nue se déchire, et donne une ouverture au ciel : c'est Dieu qui veut voir Joachim Murat combattant pour ses autels et ses foyers.

Jamais le héros ne fut plus grand, lorsque

chaque coup de son épée retentissait en face de l'Europe ; aujourd'hui, c'est un duel obscur qu'il vient d'engager, seul contre une armée.

A Tolentino, quand Murat étend son bras, l'armée se courbe de terreur ; elle se relève quand Murat, épuisé par une bataille de quinze ans, laisse tomber son sabre sur le flanc de son cheval ; c'est contre lui que l'artillerie tonne, que les lignes de fusils s'abaissent, que les escadrons se précipitent, que les pointes des épées s'alongent ; car l'ennemi n'en veut qu'à lui, ne nomme que lui ; et lui passe dans cet ouragan d'acier, de plomb, de feu, épouvantant la mort qui le cherche, éteignant les batteries, émoussant les glaives, cotoyant les boulets, écartant les balles avec son souffle, écrasant les escadrons avec sa main; et il s'étonne de voir que l'ennemi soit encore debout; et il se rappelle ce jour impérissable, où, sur la plage d'Aboukir, il prit un pacha, une armée, une flotte, un monde, et, fossoyeur sublime, les enterra tous dans le sable de la mer.

Une femme seule, dans ce vieux château qui domine la route de Tolentino à Macerata, une femme a écouté la formidable voix de la bataille, et a tressailli avec tous les échos des montagnes : c'est la comtesse Rosa Piranase; la nuit tombée; elle n'a plus rien entendu vers Tolentino, et elle pense que quelque grand désespoir vient d'être consommé. De temps en temps, la noble femme se lève, traverse les vastes salles du château, ouvre la croisée du perron et jette de longs et inquiets regards dans la campagne. Sous ses pieds, à des profondeurs effrayantes, mugit le torrent de l'Arno, qui court vers l'Adriatique ; on voit luire ses grandes masses d'eau, à travers les clairières de la forêt de chênes qui semble soutenir le vieux château dans les airs. Au nord, la vue est bornée par les hautes montagnes de l'horizon maritime; au midi; des blocs énormes de rochers tombent du manoir sur la plaine comme une cataracte de flots de granit, et font éclater, çà et là, par leurs fissures, des bouquets de figuiers sauvages, de verveine, de thym et de genêts. Devant le perron serpente le sentier négligé qui, de colline en colline, mène à Notre-Dame-de-Lorette, et aux petits villages qui avoisinent le saint couvent.

Rosa Piranese écoute et regarde; il n'y a que le torrent qui bruit dans cette immense et sauvage solitude. On dirait que tous ceux qui se battaient sont morts, et que le torrent chante l'absoute de leurs funérailles. Quelques étoiles luisent au zénith ; mais le cercle de l'horizon est sombre, et les deux grandes constellations supérieures sont éclipsées par un voile de nuées. Un air massif et chaud annonce l'orage. La terre a prêté tant de bitume, de salpêtre et de colère au ciel, que le ciel généreux veut rendre ses dons à la terre. Les forêts, inclinant leurs cimes, semblent saluer l'arrivée de l'ouragan, afin de se le rendre propice ; le vent de l'Adriatique saute par dessus les monts, et apporte aux vallées les mugissements de cette mer. Après la tempête des hommes, la tempête du ciel. Dieu a retiré son azur et son printemps à l'Italie. Le tonnerre vient au secours de Joachim Murat.

La comtesse Piranese appelle le seul serviteur qu'elle ait gardé, et lui ordonne d'allumer les lampes qui pendent au vestibule, afin que le château devienne un phare dans cette sombre nuit.

Et elle s'asseoit, triste, dans un fauteuil, à côté d'un berceau vide, le berceau de Cécilia !

Des paysannes passaient sur le sentier de la montagne, et une voix triste chantait la prière lorétane des mauvais jours, prière des mariniers de l'Adriatique.

Un bruit monte de la vallée,
C'est la mort qui passe dans l'air ;

Gagnons ma cabane isolée,
Aux lueurs pâles de l'éclair.
Mon pauvre enfant que rien n'arrête
S'est mis en mer quand l'aube a lui ;
O Notre-Dame-de-Lorette,
Le ciel est noir, veille sur lui !

Le vent du midi qui se lève
Fane l'herbe et la fleur des prés ;
On l'entend mugir sur la grève,
Dans les pins et dans les cyprès.
Mon pauvre enfant..., etc., etc.

Etoile du marin qui pleure,
O vierge que nous adorons,
Du haut du ciel veille à cette heure
Sur la voile et les avirons !
Mon pauvre enfant..., etc., etc.

Le chœur des femmes italiennes répétait le refrain ; cette prière mélancolique arrivait de loin aux oreilles de la comtesse Piranèse, et arrachait des larmes à cette femme virile que le bruit de la bataille n'avait pas épouvanté.

Elle regardait le berceau de Cécilia et le portrait en pied de son mari, suspendu à la muraille, entre deux tableaux représentant des charges de cavalerie, par Salvator Rosa. Le portrait souriait aux scènes de destruction, et semblait vivre seul au milieu des cadavres. Quelles pensées agitaient, en ce moment, l'âme de la belle comtesse amazone? Dieu le savait.

La porte du château s'ouvrit à l'appel d'une voix connue, et Luigi entra dans un désordre effrayant. La comtesse ne se leva pas; elle fit signe au domestique de s'asseoir, et de parler.

— C'est votre mari qui m'envoie auprès de vous, Madame...

— Mon mari est vivant! dit le comtesse, les yeux vers le ciel.

— Oui, Madame; je vais tout vous conter en deux mots. On s'est battu depuis le lever du soleil jusqu'au soir, une bataille d'extermination! M. le comte Piranese et M. Emile Dutretz n'ont pas quitté le roi. Ils ont enfoncé l'aile droite de l'ennemi, et la victoire semblait leur appartenir, mais le général Bianchi a reçu des renforts, et les Italiens ont été écrasés. Monsieur Emile Dutretz a rencontré, le 6 avril dernier, à Florence, M. Felice Mattei; ils ont eu ensemble une explication très vive au sujet de la lettre que M. Émile a reçue à la villa Piranese, le soir du repas de noces. M. Felice Mattei a avoué que c'était lui qui avait demandé cette lettre au roi de Naples, pour se venger du tour que vous lui aviez joué, pour le mariage de son neveu. M. Emile Dutretz et M. Felice Mattei devaient se battre, mais votre mari a empêché ce duel; il a été convenu qu'à la première bataille l'un des deux devait se faire tuer sous le feu de l'ennemi. Je vous assure qu'à Tolentino ils ne se sont pas ménagés. Le sort a frappé M. Felice Mattei : il est tombé, à côté du roi, en brave. Le duel s'est ainsi terminé. Voilà tout ce que M. le comte Piranese m'a chargé de vous dire; il vous enverra d'autres nouvelles demain.

— C'est bien, Luigi, dit la comtesse ; c'est bien, je vous remercie... Oh mon Dieu ! pardonnez-moi, je vous accuse d'injustice au fond du cœur ! Un Bianchi a vaincu Joachim Murat !

— Ils étaient cent contre un, Madame, comme toujours.

— Luigi, allez prendre un peu de repos; vous en avez besoin, mon pauvre Luigi... Demain, à l'aurore, vous irez au couvent des sœurs lorétanes, où ma fille Cécilia s'est retirée par mon ordre, et où madame la marquise Piranese l'a accompagnée pour lui donner ses consolations. Vous les rassurerez sur le sort de ceux qui leur sont chers.

Elle s'arrêta ; un soupir sortit de sa poitrine, une larme tomba sur son visage.

— Entendez-vous, Luigi ? reprit-elle avec

un effort de voix ; vous leur porterez ce vase d'argent qui contient mes cheveux... Regardez, Luigi, je n'ai plus de chevelure... Ce vase d'argent, j'en fais offrande au couvent hospitalier des sœurs lorétanes... Vous m'avez compris... allez ; je veillerai, seule, cette nuit... il y a bien long-temps que j'ai perdu le sommeil.

Luigi jeta un regard de compassion sur sa noble maîtresse, s'inclina, et sortit lentement.

L'ouragan de l'Adriatique désolait la grande forêt qui semble se détacher, par les quatre faces, des fondements du château, et combler les abîmes. Vu de loin, à la lueur des éclairs, le noir édifice, porté sur les cimes ondoyantes des chênes, ressemblait à un vaisseau tourmenté par les vagues. Une harmonie lugubre pleurait dans le clavier des persiennes, et allait s'éteindre, d'échos en échos, dans la profondeur des galeries. Ainsi bercée, dans son manoir, aux convulsions de la forêt druitique et au mugissement de la tempête, la belle comtesse Rosa laissa tomber son front sur sa poitrine, et s'endormit de ce sommeil fiévreux qui brûle le sang comme l'insomnie.

Après deux heures de ce repos agité, elle fut réveillée par la voix de Luigi.

— On sonne, Madame, faut-il ouvrir ? disait le serviteur.

— On sonne dis-tu... Quelle heure est-il?

— Près d'une heure du matin.

— Certainement, il faut ouvrir; que craignons-nous? il ne peut maintenant nous arriver que du bonheur. Ouvrez, Luigi.

La comtesse se leva, et sa main droite s'alongea sur une table, où des armes étaient cachées parmi des lambeaux d'étoffes et de broderies. Lorsque la porte s'ouvrit, la plus blanche et la plus belle main de l'Italie pressait le pommeau d'un pistolet d'arçon.

Des bruits de pas fortement accusés résonnèrent sur les marbres du vestibule. Trois hommes entrèrent dans la salle basse où se trouvait la comtesse Piranese : ils jetèrent leurs manteaux, et se firent reconnaître du premier coup d'œil, malgré la faible lueur d'une lampe suspendue au lambris. La noble dame poussa un cri de joie qui s'adressait au premier arrivant; elle tomba à ses pieds et les embrassa.

C'était Joachim Murat.

Émile et Piranese accompagnaient le roi, et lui servaient d'aides-de-camp, braves, dévoués, et fidèles comme les Pignatelli et les Strongoli de Naples.

Murat était horrible de beauté guerrière; son aigrette et ses boucles de cheveux hachées par les balles, son uniforme sabré sur toutes les coutures, ses manches pendantes en loques glorieuses, ses éperons brisés, ses bottines tachées de sang humain, sa noble figure noire de poudre tout son corps dévasté au feu de l'ouragan de Tolentino, attestaient des faits d'armes inouïs, un duel surhumain, engagé, face à face, avec chaque soldat de Bianchi, et avec toute l'armée à la fois. C'était un spectacle à convier le monde, et à le foudroyer d'admiration. Rien d'imposant à voir comme ce héros, bulletin vivant de nos triomphes, qui venait de frapper ses plus terribles coups dans le coin le plus obscur de l'Italie, sans obtenir les applaudissements mérités par ce sublime désespoir !

Si dans cette vieille salle du château, il y avait eu un seul spectateur d'une pareille scène, ses yeux ne se seraient pas portés sur les deux jeunes officiers qui suivaient Murat ; le roi absorbait tout l'intérêt, toute l'attention.

Cependant Piranesé et son ami étaient dignes d'un regard.

Il était facile de voir que les deux jeunes gens avait suivi Murat dans tous les sillons de fer et d'acier, où il s'était précipité à Tolentino ; la poudre avait noirci leurs épaulettes, les balles avaient troué leurs uniformes ; mais, avec sa charmante fatuité militaire, Émile, cheminant à travers monts et torrents, rajustait pièce à pièce le désordre de sa toilette, lavait ses mains et son visage ensanglantés dans l'eau des sources, polissait sa chevelure, toute concrète de sueur et de poussière, et, dans cette restauration de costume au pas de course, se faisiat imiter par Piranese ; de sorte qu'en arrivant au château, ils étaient l'un et l'autre fort reconnaissables.

Leurs visages superbes de pâleur virile sur laquelle tranchait l'arc des moustaches de l'orbe étincelant des yeux noirs, leurs visages exprimaient une de ces douleurs profondes, incurables, que la noble assurance et la fierté du maintien ne peuvent dissimuler. Soit fantaisie, soit prédestination, ils avaient lié à l'agrafe de leurs chapeaux des touffes de verveine arrachées aux sentiers voisins ; et, sous cette espèce de couronne funèbre, avec leurs figures sombres et fatales, ils ressemblaient à deux victimes romaines vouées aux dieux infernaux de la guerre.

Joachim Murat releva la comtesse Piranese, qui, roulée à ses pieds et inondant le parquet des larges plis de sa robe blanche, ressemblait à la statue du tombeau de Paul III.

— Madame, dit le héros; nous venons vous demander asile pour quelques instants; permettez que je baise votre belle main, noble et loyale châtelaine.

Émile et Piranese effleurèrent aussi de leurs lèvres la main de l'héroïque femme.

— Je vous demande, dit le roi, un serviteur intelligent et sûr, qui connaisse la route de Naples par les montagnes du littoral de l'Adriatique.

— Sire, dit la comtesse, j'ai deux domestiques à vos ordres, les seuls qui nous restent; Votre Majesté choisira.

— Comte Piranese, dit le roi, choisissez vous-même; donnez un habit de paysan à ce domestique, et remettez lui ce pli; c'est une lettre pour ma bonne Caroline.

— Je vais donc confier cette mission à Antonio, dit Piranese à sa femme; Luigi restera près de vous.

La comtesse fit un signe d'assentiment.

— Sire, dit-elle avec l'émotion que le dévouement inspire; sire, vous êtes dans votre château, que demandez-vous encore à vos serviteurs les Piranese ?

— Un verre d'eau, Madame, voilà tout; je meurs de soif.

— Luigi, dit la comtesse, Sa Majesté le roi de Naples a besoin d'un verre d'eau. Courez.

— Madame, dit Murat, si vous avez quelque chose de confidentiel à dire à votre mari et à votre gendre, je vais me mettre à l'écart; agissez sans cérémonie.

— On oublie tout en votre présence, dit la comtesse avec enthousiasme; je ne vois que vos malheurs, j'oublie les miens. Qui oserait songer à d'obscurs intérêts domestiques devant la majestueuse infortune qui remplit ce château ?

Elle prit le plateau d'argent des mains de Luigi, s'agenouilla, et présenta la coupe d'or à Joachim Murat.

— Luigi, dit la comtesse, vous porterez aussi demain cette coupe et ce plateau sacrés au trésor de Notre-Dame-de-Lorette; aucune lèvre profane ne s'en approchera plus... Sire, j'avais fait vœu de couvrir d'or la nappe d'autel de la vierge lorétane ; j'ai oublié de remplir ce vœu : Dieu m'a punie!... Je le remplis aujourd'hui, et trop tard !

— Votre offrande me portera bonheur, dit le roi; à l'aube, Madame, nous prendrons notre revanche de Tolentino. Mon armée repose, en ce moment, là tout auprès; elle est ralliée, forte, et pleine d'ardeur encore. Dans ma marche, je me suis détourné, Madame, pour vous faire ma visite, et vous dire combien je suis sensible à votre dévouement.

—Sire, désormais, je ne vous quitte plus ; oserai-je demander à Votre Majesté la grâce de vouloir bien m'attendre un instant?

Le roi s'inclina courtoisement devant la comtesse, et sourit avec bonté. La comtesse sortit de la salle.

— Comte Piranese, dit le roi, à quelle distance sommes-nous de Macerata?

— A deux heures de marche, Sire.

Joachim Murat ouvrit une croisée, et regarda le ciel en silence.

— La tempête se calme, dit-il; nous aurons un beau jour demain... Oh! si quelque voix de là-haut pouvait me dire ce que fait, en ce moment, mon bien-aimé frère, notre glorieux Empereur!

— Sire, dit Émile, une voix terrestre vous répondra : Il décrète une victoire contre les alliés.

— Dieu le fasse !... Tolentino est un présage de malheur !... Comte Piranese, votre domestique Antonio est-il parti pour Naples ?

— Il part à l'instant, Sire.

— Vous lui avez donné toutes mes instructions ?

— Oui, Sire.

— Ma bonne Caroline recevra de tristes nouvelles, mais c'est aussi une femme de cœur ; c'est le sang de Napoléon ; c'est la race des femmes fortes...

— Il y en aura deux, en Italie! dit un jeune et charmant officier qui entrait vêtu d'une polonaise, et la toque varsovienne à la main...

Un trio d'admiration éclata dans la salle. Rosa Piranese avait quitté les habits de son sexe, et s'était faite soldat.

— Sire, dit-elle, voilà le costume que mon mari a rapporté de sa campagne de Russie; c'est mon cadeau de noces...

— Quoi! Madame, dit le roi, les mains jointes, vous nous suivez au camp?

La comtesse prit une pose sibillyne, sa figure rayonna d'inspiration; elle dit avec feu:

— Au plus galant, au plus brave, au plus

antique des rois, il fallait pour dernière escorte une femme, un Français et un Romain. Nous voici.

— Admirable! s'écria Joachim; Madame, donnez-moi votre bras; en avant, Messieurs! Le ciel est pour nous. Marchons!

Et ils sortirent d'un pas déterminé.

Il ne fut donné qu'à un pauvre chevrier de voir, dans cette mémorable nuit, passer le grand Joachim Murat escorté de cette trinité symbolique et vivante qui résume tout ce qu'il y a de gracieux, de chevaleresque et d'héroïque dans ce monde.

XV.

Il est une phrase si incroyable que toute plume se révolte en l'écrivant; celle-ci :

Joachim Murat fuit devant ses ennemis!

A Macerata, tout a été consommé; c'était une appellation de malheur, un nom composé de syllabes fatales, une épitaphe en un seul mot : Macerata!

Le roi de Naples a passé sur le chemin de toutes les balles, de tous les boulets; il a insulté la Mort jusqu'à la moëlle de son squelette, la Mort l'a relancé vivant, malgré lui, hors du champ de bataille, et tous les feux de Macerata se sont éteints! Le combat n'a pas été long.

Le jour baisse.

Le roi, entraîné par une suite peu nombreuse d'officiers dévoués, a gagné les gorges impraticables de l'Adriatique.

Au coucher du soleil, il descend du haut de *Monte Rosso* dans l'étroite vallée où le torrent de l'*Arno* mugit au fond d'un lit d'abîmes qui se prolongent jusqu'à la mer. En face de *Monte-Rosso*, de l'autre côté du large torrent, se dresse une montagne à pic qui coupe brusquement la retraite, et qu'il faut franchir pour atteindre la route du littoral.

L'armée victorieuse s'est disséminée pour se jeter, de tous côtés, à la poursuite des Italiens. Trente soldats ennemis, des plus braves et des plus agiles, n'ont pas perdu les traces de Joachim Murat, et s'acharnent après lui, dans l'espoir de le saisir mort ou vivant. Divisés en trois bandes, ils ont résolu de suivre jusqu'à la nuit les routes tortueuses qui descendent à l'Adriatique. Des deux parts, les munitions ont été épuisées ; il ne reste que l'arme blanche pour les combats singuliers.

Le roi, escorté de quelques lanciers, remonte les rives du torrent, comme s'il eût voulu rentrer à Tolentino, et à deux milles de *Monte-Rosso*, franchit l'Arno; puis, se lançant au hasard sur des chemins impraticables, dans la direction du midi, il remet au ciel le soin de le conduire à Naples. Hélas! il était écrit que le héros ne trouverait que trop bien ce fatal chemin!

Le comte et la comtesse Piranese, Émile Dutretz, Luigi, et quelques soldats italiens se sont séparés du roi avec la noble intention d'attirer sur eux l'ardeur de la poursuite, et de donner le change à la meute de sbires acharnée sur les traces du héros. Ce stratagème du dévouement a réussi. Le comte Piranese, avec sa taille et son maintien superbes, relevés encore par un déguisement de costume fait à la hâte, est parvenu à fixer particulièrement l'attention d'une de ces bandes d'ennemis qui courent sur Murat. Nos glorieux fugitifs ont descendu le *Monte-Rosso*, et sont arrêtés par le torrent.

Dans son tableau des *Chasseurs*, Salvator Rosa a peint ce site sauvage. Le mur gigantesque et presque infranchissable qui s'élève au couchant est d'un ton jaunâtre; des touffes de pins et de chênes-nains jaillissent horizontalement de toutes les fentes de cette montagne abrupte, et lui donnent un sombre caractère de désolation ; le sol est jonché, au pied, d'énormes blocs de granit que les coups de foudre ont détachés de la cime en laissant au flanc du mont une empreinte éternelle. Du côté de la mer, la vallée se rétrécit horriblement, et ne laisse au torrent que dix pieds de gouffre pour se précipiter dans l'Adriatique. Rien n'atteste le passage de l'homme dans cet épouvantable défilé. Depuis la création du monde les échos n'y répètent, sans fin, d'autre bruit que la voix sourde du torrent qui jette son écume aux masses de lianes flottantes sur ses deux rives. Une nuit noire couvre les mystères de cet Achéron terrestre, et l'aigle seul ose le franchir.

Luigi et deux soldats italiens déracinèrent un arbre mort de vieillesse, et le jetèrent comme un pont sur le torrent.

— Passez la première, dit Émile Dutretz à la comtesse.

L'héroïque femme tenait ses yeux fixés, avec une préoccupation triste, sur un soldat qui descendait des hauteurs de *Monte-Rosso*, en s'aidant de sa carabine comme d'une troisième jambe, et qui, s'arrêtant de distance en distance, lorsque des blocs carrément solides lui servaient de piédestal, plaçait sa main gauche en auvent sur ses yeux, et cherchait indubitablement le roi dans le groupe des fugitifs.

La petite escorte de la comtesse s'était rangée sur une seule ligne, tous l'épée à la main. Émile avait mis bas son uniforme, et, la tête nue, les bras nus et croisés sur la poitrine, la tête inclinée à gauche d'une façon négligente et railleuse, il s'était posé en habile maître d'armes qui a jeté le gant à dix spadassins, et qui les attend sur le pré.

— Holà! maîtres! cria le jeune Français aux ennemis, vous êtes bien lents à descendre; voulez-vous que j'aille vous donner la main?

Et, se retournant vers ses camarades : Passez, passez, Messieurs, je veux être le dernier; à toi donc, Piranese; donne la main à notre adorable amazone; c'est Antiope au pont du Thermodon. Laisse-moi le rôle que je te demandais l'autre jour, le rôle d'Horatius Coclès avec un œil de plus.

Le défilé sur le pont mouvant se fit avec lenteur; déjà, les plus vifs des ennemis étaient arrivés au fond du val, et attaquaient, le sabre à la main, notre jeune officier français qui s'était retiré au milieu du pont comme dans un défilé où il n'avait à combattre qu'un seul homme. Émile, s'appuyant de la main gauche sur un rameau dépouillé qui se détachait du pont de bois comme une rampe naturelle, blessait ou tuait impitoyablement, renvoyait au val ou jetait au gouffre les méprisables ennemis qui s'offraient à sa foudroyante épée ; de l'autre côté, du côté des siens, personne n'osait venir à son aide, de peur que le moindre mouvement imprévu ne fît perdre l'équilibre au noble champion suspendu sur l'abîme ; mais tous, l'épée haute, le poing fermé, la poitrine en avant, se tenaient prêts à remplacer Émile au poste périlleux, si quelque malheur arrivait. La belle amazone de Tolentino ne voyait que son mari, ne veillait que sur lui, et son regard, traversant le pont de bois sans s'y arrêter, cherchait encore aux dernières lueurs du jour le formidable chasseur tyrolien, ce démon de la montagne, qui destinait une balle infaillible à la poitrine de Murat.

Émile, déjà cinq fois victorieux, semblait épuisé par ses efforts sublimes; l'arbre ruisselait de sang, le pied craignait de frapper sur ce pont humide, de peur d'entraîner le corps; un nouvel adversaire, un Hongrois gigantesque, armé d'un sabre long à deux tranchants comme un poignard démesuré, entra en lice et croisa le fer avec le jeune Français.

Le crépuscule jetait son pâle rayon sur cette scène de mort.

On entendit un grand cri, puis un coup de fusil qui réveilla les mille échos de la vallée.

Piranese soutenait dans ses bras la comtesse frappée d'une balle. Cette divine femme avait vu le chasseur tyrolien abattre sa carabine; elle avait poussé un cri, elle avait embrassé le comte, elle avait reçu le coup destiné au roi; jamais soldat n'eut un plus noble bouclier. A ce cri d'épouvante, à ce terrible coup de feu qui tombait avec la nuit, Emile se retourna involontairement du côté des siens, et glissa dans le sang; son ennemi fit un pas vers lui; Emile embrassa les rameaux desséchés de l'arbre, mêlés aux feuilles massives des lianes, et para le dernier coup porté : — Jetez le pont dans le torrent! s'écria-t-il; et il fit un effort surhumain pour s'élancer sur la rive; mais le point d'appui faillit sous ses mains; les rameaux qui le tenaient suspendu sur le gouffre craquèrent, les lianes se déchirèrent sous le poids du corps : — Tu ne m'as pas touché! cria-t-il au géant hongrois, et l'on n'entendit plus qu'un bruit horrible dans l'abîme, et des flots d'écume jaillirent sur le pont ensanglanté.

Dans le même moment, une autre scène déchirante se passait au pied de la montagne à pic, et sur un lit de roche. Le comte Piranese avait porté sa femme à vingt pas du torrent, et il recevait ses derniers soupirs.

— Je meurs contente, disait l'amazone d'une voix d'agonie; tu as pleuré sur mon front, je sens tes larmes, elles me brûlent. M'aimes-tu donc toujours ? dit-elle en prenant la main à son époux.

— Oh! s'écria Piranese avec des sanglots; que Dieu prenne ma vie, si je mens! toujours! toujours!

Et il colla ses lèvres sur la bouche de sa femme.

— Piranese!... si tu m'aimes..., jure-moi de ne jamais épouser ma...

Elle ne put achever, elle expira. Le comte tenait sa main levée pour faire le serment.

— Morte !... morte !... dit-il en souriant, comme on sourit à l'enfer ; le nom de Cécilia s'est arrêté sur ses lèvres !... ce nom l'a tuée !... pauvre femme !

Et il appela Luigi.

— Luigi, dit-il, veille à côté de ta pauvre maîtresse, et pleure pour moi sur elle, pendant que je la vengerai.

Le domestique répondit avec des larmes.

Piranèse ramassa son épée, étreignit la garde à deux mains, et un accès immense de colère le sauva du désespoir.

— Montagnes de Macerata, soyez maudites !

s'écria-t-il, maudites comme les montagnes de Gelboë!

Et il courut au pont pour chercher la mort et venger sa femme et son ami.

Il n'y avait plus même cette consolation du soldat. L'arbre avait été jeté au torrent par un soldat italien; le champ du combat était désert.

Piranese crut distinguer dans le lointain le chasseur du Tyrol qui escaladait le *Monte-Rosso* avec l'agilité d'un daim. C'était sans doute un homme poussé par une vengeance particulière et mystérieuse; on l'a revu depuis au Pizzo, dans l'escouade des assassins de Murat; cette fois, il ne manqua pas son coup!

Piranese, s'achemina lentement dans les ténèbres, vers le lit de roche tumulaire où gisait le corps de sa femme ; c'était un spectacle d'éternelle douleur ! Piranese le contempla long-temps avec des yeux délirants ; puis, faisant un effort impossible, il dit à Luigi :

— Je vais remonter la rive droite du torrent jusqu'au pied du château de Tolentino ; je t'enverrai les chevriers de la montagne, ils t'aideront à porter ta malheureuse maîtresse à l'église du couvent des sœurs lorétanes ; tu leur donneras une poignée d'or, moi, je serai au couvent à la pointe du jour. Adieu, Luigi ; serrons-nous les mains, mon ami... Tu n'as plus de maître ; le château de Tolentino est à toi.

Il donna au cadavre un embrassement suprême, et, prêtant l'oreille aux plaintes sourdes du torrent qui remplissaient le val d'une harmonie de deuil, il dit :

— Adieu pour toujours, mon noble ami, ma noble femme ! cette vallée vous pleurera ainsi éternellement !

Il regarda le ciel, et sembla s'inspirer de quelque résolution soudaine et consolante, car ses larmes tarirent, et son visage se fit calme :

— Ne pleure plus, dit-il à Luigi ; les larmes ne doivent couler que sur les malheurs vulgaires ; elles sont une insulte aux infortunes inouies ; l'homme est assez fort pour regarder d'un œil sec ce qui lui vient de l'impitoyable fatalité.

Et il remonta la rive du torrent, seul et tout rempli de la pensée qui l'avait secouru dans son désespoir.

ÉPILOGUE.

Le lendemain, au parloir du couvent hospitalier des sœurs lorétanes, un pélerin consolait deux femmes éplorées auxquelles il venait d'annoncer des nouvelles accablantes :

— Oui, c'est ainsi, leur disait-il, ma mère;

c'est ainsi, ma chère fille Cécilia; Dieu l'a voulu... Nous étions cinq : vous, madame Piranese, ma noble mère; vous, ma fille Cécilia; ma femme, mon ami et moi; nous aurions pu vivre dans un bonheur à faire envie aux anges... Eh bien! la fatalité a brisé nos liens, sans qu'un de nous ait pu trouver un reproche à faire aux autres; tout a été combiné ainsi..., les coupables étaient innocents; le hasard avait tout fait.

La marquise Piranese et Cécilia fondaient en larmes.

— Oh! oui, la fatalité a tout combiné! dit la jeune épouse veuve avant l'hymen.

— Pour moi, dit le comte pélerin, ma résolution est prise.

— La mienne est prise aussi! dit Cécilia en essuyant ses pleurs et avec une voix assurée.

— La vôtre, Cécilia ? dit Piranese.

— Oui, Monsieur.... oui, mon père... Ce couvent a été mon refuge, il sera mon tombeau. Je prendrai le voile, et je commence aujourd'hui mon noviciat.

— J'ai peu de jours à vivre, moi, dit la marquise; je reste ici, je consolerai cette pauvre enfant, après Dieu.

— Et moi, dit le comte se levant, je ne serai pas indigne de vous... Adieu..., au revoir dans le ciel !

La cloche de la prière qui sonna sur ces paroles abrégea les instants d'une bien cruelle séparation.

Le noble pélerin prit le chemin de Rome, et arriva deux jours après sur la montagne où s'élève la chartreuse de Notre-Dame-des-Anges, bâtie par Buonarotti. C'est de ce portique, dit-il, que je descendis un jour à ma villa pour prendre une épouse parmi les filles des hommes; aujourd'hui je quitte un cadavre pour remonter à ce portique.

Il entra au cloître, et la sérénité rayonnante de ses quatre galeries infusa dans son âme un baume inconnu.

— Voici la tente du Thabor, dit-il au supérieur en se jetant à ses pieds; mon père, accueillez-moi.

— Mon fils, relevez-vous, dit le vieillard cénobite, je vous attendais.

MARIA.

I.

Après une représentation des *Puritains,* au *King's-Théâtre,* à Londres, en juillet 1838, je sortis avec le célèbre artiste L*** pour respirer un peu de fraîcheur dans *Portland-Place.* La journée avait été brûlante, et la soirée aussi. Minuit sonnait à Saint-Martin.

Nous entrâmes au parc Saint-James ; il y avait beaucoup de monde, mais de ce monde nocturne et fantasque, inconnu du soleil. La grande pièce d'eau étincelait de la double lumière de la lune et du gaz. C'était, sous les arbres, une espèce de jour d'un violet clair, comme celui qu'on fait au théâtre avec des verres de couleur. Des Anglais péripatéticiens lisaient les journaux de la nuit, assis sur des banquettes ; des sentinelles gardaient je ne sais quoi sur l'escalier de *Carlton-House;* des ombres blanches de femmes erraient dans les allées comme des tourbillons d'âmes élyséennes au bord du Styx ; personne ne parlait dans ce monde vagabond et étrange. On eût dit que tous les somnambules de Londres étaient venus faire leurs exercices de nuit sous les arbres de ce beau jardin.

On sait que L*** est un des premiers artistes de l'Europe; mais ses amis savent qu'il est aussi le causeur et le conteur le plus brillant et le plus grâcieux qu'on puisse entendre. L*** a beaucoup voyagé, beaucoup lu, beaucoup observé. Sa mémoire est pleine de délicieuses histoires, son esprit est plein d'idées. On l'écoute avec autant de charme qu'on lit un beau livre. C'est surtout dans ces heures tranquilles où les entretiens ont tant d'attrait, que j'aimais à écouter le grand artiste, soit qu'il me parlât de Naples, en entremêlant ses récits de quelque cantilène de Chiaïa; soit qu'il me parlât de sa vie d'Angleterre, toute pleine de triomphes; passant ainsi du Midi au Nord, du soleil à la brume; tantôt lazzarone, tantôt philosophe; toujours spirituel et éminemment observateur.

- Cette nuit-là, il s'abandonna de verve à cette causerie intime qu'inspire une fraîche promenade d'été. Il me raconta une simple histoire que j'aurais voulu écrire sous sa dictée, et peindre avec des couleurs de palette plutôt qu'avec des phrases d'historien, parce que jamais ce papier froid et mort, ces signes conventionnels qui représentent des idées et des sensations; jamais ces plats hiéroglyphes de l'alphabet, enveloppés d'une feuille blanche comme d'un linceul, ne pourront remplacer la voix, les gestes, l'organe passionné, les modulations harmonieuses d'un narrateur éloquent. Il faudrait que chaque ligne de mon livre fût notée comme un *libretto* d'opéra, et que le lecteur pût entendre ces récits tels qu'ils ont été chantés par un poète artiste; il faudrait que chaque page fût illustrée d'une de ces belles gravures anglaises où le burin colôre comme le pinceau, afin que cette histoire conservât encore dans le sépulcre du livre un peu de ces parfums que les fleurs, les arbres, le gazon, nous versaient avec les tièdes rayons de la lune, dans cette nuit de mélodie et d'amour. Telle enfin que mes souvenirs me la rendront, je veux essayer de la redire cette histoire ; je n'y changerai que quelques noms parce que mes personnages ne sont pas des héros de roman.

J'écoutais encore le récit du grand artiste, et l'aube d'été blanchissait déjà la statue du duc d'Yorck sur sa colonne, et les tours de Westminster aux extrémités opposées du parc. Le soleil montait à l'horizon quand cette histoire fut terminée. Je croyais sortir d'un rêve ; il me semblait que je m'étais endormi

sur la grande pelouse devant *Carlton-Terrace,*
et que je me réveillais, la tête remplie d'un
nouveau monde d'idées, où le grâcieux murmure de la mer, au golfe de Naples, chantait
un trio avec la vague polaire de l'Océan et la
rivière de Mersey, sur les grèves brumeuses
de Liverpool. Une nuit de veille ainsi occupée
donne à l'esprit l'incohérence de la folie.
Cette brusque interruption de nos habitudes
bouleverse le cerveau ; tout prend un air
étrange au premier rayon du soleil, mais plus
étrange encore si l'on se trouve en pays lointain, et entouré de monuments qui servent,
pour la première fois, de cadre à nos rêveries.
Après avoir quitté le grand artiste qui m'avait
conté cette histoire, je le suivis long-temps
des yeux dans *Regent's-Street,* et je le vis disparaître dans la colonnade fantastique du
Quadrant, où était sa demeure. Resté seul

avec mon rêve, je rentrai dans ma maison de *King-William-Street*, pour payer au sommeil l'arriéré de la nuit. A mon lever de midi, je courus au parc St-James, que le soleil éclairait à travers une gaze de brume qui jaunissait ses rayons. Je m'assis sur une banquette, et j'écrivis, dans toute la fraîcheur de mes souvenirs, les premiers chapitres de cette histoire, comme on écrirait un rêve sous les premières impressions du réveil.

I.

Il y a cinq ou six ans (la date exacte importe peu), deux jeunes gens causaient, après souper, dans une chambre de l'*Osteria Nuova*, à Chiaïa, à Naples. L'un, âgé de vingt-cinq ans, se nommait Patrick O***, c'était un Irlandais voué à l'état ecclésiastique; son costume était sévère comme sa figure. Il avait des cheveux d'un blond ardent comme de l'or en fusion : ses traits, d'une irrégularité mâle, gardaient cette pâleur nerveuse qui ne vient pas des souffrances du corps, mais des inquiétudes de l'âme. Sur ce fond mat d'une figure tourmentée, luisaient deux yeux noirs et orageux, comme des nuages remplis d'éclairs. La contraction du sourire semblait avoir été oubliée dans le mécanisme de ce visage qui exprimait tout, et à tout instant, excepté le plaisir. L'autre jeune homme était à peu près du même âge : il avait une belle figure brune, et des cheveux vagabonds d'un noir d'Érèbe. C'était le Contessino Lorenzo C*** ; légataire à vingt ans d'une fortune immense, qu'il prodiguait sans l'épuiser. L'opulence rayonnait sur toute sa personne ; il étalait avec un orgueilleux dédain, une pléiade de diamants à ses doigts annulaires, et la constellation complète d'Orion, en rubis balais, sur son jabot de batiste ; toujours prêt à jeter ses étoiles à un ami, à une femme, à un saltimbanque, à un indigent.

L'arrivée d'un domestique suspendit la conversation des deux jeunes gens. On venait leur annoncer que le vaisseau l'*Erinn* allait mettre à la voile, et qu'on n'attendait plus qu'un passager.

Ce passager était Patrick.

Ils se levèrent vivement, et se dirigèrent vers le môle. Patrick, un pied sur la terre, et l'autre dans le canot, fit ainsi ses adieux à son ami :

— J'ai quitté Rome sans regret ; j'y serais devenu sceptique, et j'y aurais exercé, à l'exemple de tant d'autres, un sacerdoce d'habitude comme on fait un métier. J'aime mieux être prêtre dans quelque bourg catholique de mon Irlande. Je prendrai les ordres à Dublin, à la première ordination. Adieu, mon cher Lorenzo ; nous nous reverrons quand Dieu le voudra.

— Patrick, répondit le jeune Italien, dans quelque position que le ciel te réserve, si jamais mon amitié peut te rendre un service, songe à moi, et ne songe à personne qu'à moi.

Ils se serrèrent énergiquement les mains, et le canot partit.

L'*Érinn* mit à la voile et cingla vers la haute mer. Patrick contempla long-temps, accoudé sur la dunette, le doux rivage de Naples, et descendit, à l'entrée de la nuit, dans l'entrepont pour se reposer. La mer était agitée, le vent contraire. Patrick prit le parti de s'endormir pour laisser passer le mauvais temps, sans être incommodé par la mer.

A son réveil, il fut bien étonné d'apprendre que l'*Erinn*, n'ayant pu tenir la mer, était rentré à Naples, et que les passagers avaient la faculté de descendre à terre. Il était alors huit heures du soir.

Patrick usa de la permission avec empressement. Il courut à l'hôtellerie, dans l'espoir d'y trouver Lorenzo; mais le jeune homme était sorti. Le garçon d'auberge dit à Patrick que son ami avait pris la direction de San-Carlo, et que, fort probablement, il était à l'Opéra.

On jouait, ce soir-là, *Sémiramide*.

Patrick hésita quelques instants par scrupule; puis, se souvenant des facilités profanes que le clergé italien se donne volontiers à l'endroit du théâtre, il courut à San-Carlo, prit un billet de parterre et entra. Patrick avait toujours vécu loin des plaisirs et des spectacles mondains. C'était la première fois qu'il se mêlait à une foule dans une salle de théâtre.

San-Carlo retentissait d'instruments et de voix. On aurait dit que l'harmonieuse salle chantait avec toutes ses loges, car les sons de la scène et de l'orchestre, ne trouvant aucun obstacle dans l'ellipse immense, la remplissaient toute, comme un ouragan de mélodie élancé du golfe de Baïa. On était arrivé à la scène du serment et du trône. Le roi des Indes, le pontife, Arsace, les Syriens, le peuple, les Mages, juraient fidélité à la reine de Babylone, dans une langue d'amour inouïe, et Sémiramis, du haut de son trône, versait à pleine voix, sur tout ce monde en délire, des torrents de notes mélodieuses, comme des perles prodiguées à l'infini. Le chant du cor, tout rempli d'une volupté langoureuse, s'élevait par dessus toutes ces voix, comme l'écho de l'Euphrate, dans une nuit d'orient, roule des soupirs ineffables qui montent au sommet de Babel. Le puissant amour, fils des siècles antiques, embrasait le théâtre et semblait avoir enfin trouvé une langue merveilleuse, oubliée dans Babel, pour réveiller un sens inconnu et exciter la terre à des folies sans nom, telles que les anges en accomplirent avec les filles des hommes, aux époques antédiluviennes, quand le monde trembla sous les hyménées des géants. Auprès de cette harmonie inconnue, chantée par des voix et des cuivres surhumains, toute parole ressemblait au bégaiement de l'enfance ou au vagissement du berceau. C'était comme la révélation de ces hymnes mystérieux qui éclataient, la nuit, dans les profondeurs des pyramides babyloniennes ou dans les chapelles souterraines d'Isis ; c'était un écho de ce vent iduméen qui soufflait une volupté sanglante et fatale sur les villes maudites, et *changeait la forme des montagnes* dans une nuit de désolation; et toutes ces voix, ces chants, ces stridents accords du cuivre et de la corde, ces élancements de notes sublimes, cette éruption de mélodie incréée, toute cette furie d'amour semblait éclater, par un prodige des mages, sous les pieds divins d'une femme, belle comme le soleil d'Orient, embaumée comme l'Arabie Heureuse, vêtue de pourpre et d'or comme les reines d'Ophir et de Saba.

Le jeune ecclésiastique irlandais qui venait d'entrer à San-Carlo pour y chercher un ami, oublia cet ami, s'oublia lui-même, et s'arrêta, debout, la main droite incrustée sur la première banquette, immobile, comme une statue, sous le saisissement de cette foudroyante révélation; son âme, subitement envahie par le démon de ces voluptés extérieures, fut vaincue avant la lutte, ainsi qu'il arrive au soldat imprudent qui passe désarmé sur les limites de l'ennemi et succombe avant d'avoir reconnu son erreur. Patrick garda sa position extatique jusqu'à la chute du rideau. Il vit et entendit ce rêve immense que Rossini nous apporta des lagunes de Venise lorsqu'il s'endormit dans la cité mystérieuse, ce sublime évocateur du passé. Le jeune Irlandais, fils de cette terre virginale qui assiste à l'éternelle symphonie de l'océan et des montagnes, avait une de ces intelligences d'élite qui s'initient du premier coup au secret des grandes créations ; il passait, sans transition, des innocentes harmonies de Palestrina à la furie musicale de la *Sémiramide*, de la cascade de Terni à la cataracte de Niagara. Il n'eut pas même le temps d'appeler son ange gardien à son secours, afin d'obtenir la grâce d'une pensée pieuse, dans ce déluge de pensées profanes qui pleuvaient dans son cœur. Il fut emporté violemment à travers les cris de cette Babylone ressuscitée pour embrasser Balthazar et repousser Daniel. Tout fut saisi au vol, et recueilli par lui, et deviné d'inspiration dans cette fatale soirée ; son oreille, son esprit et son cœur s'associèrent pour le servir et le faire marcher, sans rien laisser en arrière, à la conquête spontanée de l'inconnu. Mais peut-être encore cette musique, ces voix, ces chœurs, cette pompe, se seraient évanouis avec les ombres de la nuit, si toute cette séduction théâtrale ne s'était pas incarnée dans le corps d'une femme. Désormais, pour Patrick, ce long ravissement d'artiste était inséparable de la cantatrice superbe et rayonnante comme la Sémiramis dont elle portait le nom.

Depuis les jours antiques, où les cirques et les amphithéâtres versaient par les vomitoires un monde de spectateurs rassasiés d'un spectacle prodigieux, on n'avait pas vu, en Italie, pareille foule, le soir de cette représentation de *Sémiramide*. La place publique et les rues avoisinant *Villa-Reale* étaient encombrées à la sortie du théâtre; si bien que Patrick fut roulé comme un brin d'herbe dans une mer orageuse, et emporté bien loin de son hôtellerie de Chiaïa. Au reste, cette foule qui faisait ainsi violence au jeune Irlandais lui était favorable en ce moment, car elle lui donnait un étourdissement qu'il aurait voulu prolonger à l'infini, ne voyant rien de plus redoutable que le calme et la solitude, après cette agitation secourable qui ondoyait autour de lui; mais aucune tempête n'est plus vite apaisée qu'une tempête de foule après un spectacle. Minuit sonne sur le silence et le désert, et de tout ce fracas de multitude folle, il ne reste que les sons lents tombés des clochers voisins, symphonie monotone comme le chant qui invite au sommeil. Bientôt, de tout ce monde agité, Patrick seul était debout et veillant. Marchant au hasard, il était arrivé sur les rives du golfe, et là, comme brisé par la fatigue d'un long voyage, il s'assit sur une pierre, et médecin de lui-même, il se recueillit pour examiner sa blessure intérieure et lui porter un remède immédiat, sans attendre le lendemain.

Patrick était seul en réalité, mais une ombre l'avait suivi ; une ombre plus terrible que celle de Ninus !

C'était pour Patrick qu'un poète italien avait fait cette strophe :

« A Saint-Charles, cirque où l'on chante
« Sous un ciel tiède, au bord de l'eau,
« Quand expire la voix touchante
« Du jeune Arsace ou d'Othello ;
« Quittant Venise ou Babylone,
« On va rêver sous la colonne
« Près de la mer que nous aimons ;
« Et, comme une ouverture immense,
« L'opéra fini recommence
« Chanté par la mer et les monts. »

Hélas ! elle recommençait pour Patrick cette soirée d'enivrement, de mystère, d'émotion inconnue, de formidable volupté. Le spectre de Babylone se dressait dans les vapeurs diaphanes de la nuit, sur les flancs de cette montagne, qui, elle aussi, a brûlé des villes coupables ensevelies à ses pieds. Le vent nocturne, qu'un démon embaume de tous les parfums de Vénus Aphrodite, soufflait de l'archipel napolitain, dont les îles sont des cassolettes toujours fumantes; et cette langueur mystérieuse qui descendait de partout et conseillait l'adultère, semblait donner un démenti au roi psalmiste, qui, la nuit, demandait à Dieu de le sauver de la flèche volante dans le jour, et de l'obsession irrésistible du démon de midi. Patrick était percé de la flèche qui vole à la lueur des constellations de minuit. Arrivé au délire de la pensée, il se persuada que tout ce qu'il avait vu à San-Carlo, n'était qu'une vision de l'enfer; un verre d'optique placé par le démon devant ses yeux; que le monde n'avait pas assez de pouvoir en ses mains pour créer de pareilles réalités de séduction ; que, parmi toutes les filles des hommes, il n'y avait pas une femme comme la puissante artiste, reine à San-Carlo; que le démon androgyne de la volupté, nommé Artasté dans les lieux profonds et maudits, avait pris un corps humain pour séduire un pauvre Chrétien et l'arracher au service des autels.

Patrick fit un signe de croix, et il lui sembla qu'autour de lui toutes les forme faisaient ses douces et riantes, et que des anges descendus sur cette terre la purifiaient des émanations infernales de la nuit. Plus tranquille après une courte prière, il appuya sa tête sur un oreiller d'algues sèches, et il s'endormit.

II.

Le soleil de printemps était levé depuis quelques heures, lorsque le jeune ecclésiastique Irlandais se réveilla. Habitué, dès son enfance, à dormir aux étoiles dans les montagnes de Wicklow, il avait eu pour son repos une nuit aussi bonne qu'à l'hôtellerie de

Chiaïa. A genoux sur la pierre du rivage, il fit sa prière du matin dans le plus magnifique oratoire que Dieu ait donné à l'homme pour recevoir ses hommages; et, trempant ses mains dans le golfe comme dans la conque d'un bénitier naturel, il oignit son front de cette eau sainte qui remonte aux réservoirs du ciel.

Un souvenir vaporeux comme la gaze d'un songe reporta l'Irlandais vers les images sensuelles de la veille, et le jeune Chrétien s'indigna de sa faiblesse, et fit un énergique appel à ses devoirs pour arracher de son cœur le dernier atôme de cette lie impure qu'avait déposée en lui la coupe d'un démon. Les heures matinales sont pieuses : elles prédisposent l'âme à de bonnes résolutions, à de saintes pensées. Patrick écouta dévotement les voix qui parlaient autour de lui sur le golfe, la ville et les montagnes. C'était partout un hymne chaste entonné à la création. Il donna le sourire calme des élus à cette nature tranquille, pleine de son Créateur, et il s'achemina rapidement vers le port, avec l'espoir de prendre son vol vers la douce Irlande, à la faveur de cette sérénité du ciel qui réjouissait les mariniers.

« Oh! quand je te reverrai, se disait-il mentalement, vieille église de mon saint patron, vénérable métropole de Dublin, je me précipiterai à l'ombre de tes deux nefs, comme la jeune colombe sous les ailes de sa mère, et je ne craindrai plus rien de ce monde infâme et tentateur! »

Comme il arrivait sur le môle, il vit venir à lui un domestique de Lorenzo qui le salua et lui dit :

— Mon maître vous fait chercher partout depuis le lever du soleil ; il a envoyé des cavaliers sur toutes les routes de Naples ; maintenant il n'est plus temps ; l'*Érinn* a mis à la voile et il est déjà bien loin.

Et le domestique montrait du doigt la place vide où l'*Érinn* était amarré.

Patrick fit un mouvement nerveux, leva les yeux au ciel et soupira.

Le domestique croisa les bras et regarda le port. Il avait rempli sa mission.

Après une longue pause, Patrick, qui ne

savait à quelle résolution s'arrêter, fit cette question au domestique :

— Où est ton maître ?

— Mon maître, répondit celui-ci, n'est plus à la *locanda* de la *Victoire*; il est à la villa de Sorrente, et il m'a chargé de vous y conduire, si c'est le bon plaisir de votre seigneurie. Voilà votre canot, là, tout prêt avec quatre rameurs.

— Eh! s'écria Patrick, pourquoi ne parlais-tu pas d'abord de ton canot, vite, vite en mer! il y a une bonne brise, vite, vite à la voile et à la rame! nous atteindrons l'*Erinn*.

Et entraînant avec lui le domestique, il

s'élança dans le canot, et délia lui-même les cordes de la voile roulée à l'antenne.

Le canot partit comme la flèche, et le visage de Patrick rayonna.

— Croyez-vous, dit Patrick au marinier du timon, qu'en allant de cette vitesse, nous pourrons atteindre l'*Érinn* ?

— Atteindre l'*Érinn !* répondit le timonnier avec un éclat de rire goguenard; si vous étiez oiseau, vous ne l'atteindriez pas. Ce n'est pas un bâtiment sicilien, celui-là ; c'est un anglais. Comprenez-vous ? c'est un anglais : le vent ne l'atteindrait pas.

— Essayez toujours, dit Patrick.

— Oh ! nous pouvons faire une promenade,

dit le marinier en riant ; vous prendrez l'apétit en mer.

Lorsque l'horizon se fut dévoilé dans toute son immensité, Patrick le mesura d'un œil mélancolique, et il n'aperçut aux limites de la mer que quelques petites voiles latines d'une blancheur éblouissante. C'étaient des bateaux de pêcheurs. L'*Érinn* avait disparu.

— Allons-nous à villa Sorrentina ? demanda le timonnier.

— Allons ! répondit Patrick d'une voix désespérée.

Et se laissant tomber sur un banc, il garda un morne silence jusqu'à l'arrivée.

Là, rien ne put le distraire des réflexions

pénibles qui l'accablaient en foule : ni la petite baie riante qui servait de débarcadère à la villa Sorrentina; ni les touffes d'orangers suspendues sur une eau calme qui réfléchissait l'or des fruits et l'argent des fleurs ; ni l'aspect enchanté de la villa endormie dans les pins, les arbres de Judée, les palmiers et les accacias. Le milieu du jour l'eût trouvé peut-être encore dans cette attitude de désespoir, si la voix d'un ami ne l'eût réveillé comme en sursaut au milieu d'un pénible songe.

— Eh bien! Patrick, s'écria Lorenzo avec une voix joyeuse; tu relâches à Sorrente en allant à Dublin?

Patrick se secoua vivement et s'improvisa une assurance par nécessité. Il sauta légèrement sur la rive, serra les mains de Lorenzo, et fit une pantomime qui pouvait signifier :

« Me voilà ; je suis résigné à ce contretemps. »

— Je suis enchanté, moi, de ce contretemps, dit Lorenzo ; j'étais vraiment désolé de n'avoir pu te faire les honneurs de ma charmante villa. Régarde, mon ami ; cela vaut bien la baie de Kingstown et le Kippure, n'est-ce pas ?

— Cela est beau, dit Patrick ; mais cela n'est jamais la patrie.

— Mon ami, souviens-toi de ce que je te disais, quand nous étudiions la philosophie a séminaire de la *Propagande* : Il n'y a pas de patrie sans orangers. Cet arbre essaie le climat et semble vous dire : Tu peux vivre ici, car j'y suis.

— Lorenzo, après quatre ans d'exil, je t'avoue que les forces me manquent, si je ne vois pas mon Érinne avant la fin du printemps.

— Enfant! tu la reverras ton Érinne! mais tu te reposeras un instant ici en passant. Comme j'ai repris ma gaîté, rien qu'en te revoyant! j'étais si triste hier soir, à mon arrivée de Rome à Naples! Et moi aussi, je suis exilé; moi, né à Sinigaglia, sur le bord de la triste Adriatique! mais j'adopte Naples et Sorrente, deux charmantes filles qui valent mieux que Sinigaglia. Ah ça! dis-moi, où as-tu passé la nuit, si je puis te faire pareille demande sans indiscrétion?

— La nuit! dit Patrick s'efforçant de sourire, j'ai passé la nuit sur le bord de la mer... pour ne pas manquer le bâtiment.

— A merveille! la précaution était bonne... Et le bâtiment est parti sans toi? j'admire tes distractions... Et ton bagage? L'Érinn emporte ton bagage en Irlande ?

Patrick fit un signe affirmatif.

— Tu n'as gardé que ce très-modeste habit de voyage... N'importe! je t'habillerai plus décemment.

— Et pourquoi?

— Voici. J'ai du monde à la villa... Cela t'étonne?... Oui, je donne à dîner... à des amis... des artistes.

— Il y a des femmes? dit Patrick reculant d'un pas.

— Des femmes! non... non. Quelle peur des femmes! Sois tranquille... il y en aura une peut-être... une... mais ne t'effraie pas ainsi... ce n'est pas une femme....

— Et qu'est-ce donc?

— Tu verras, nous serons gais, nous chanterons le *Dies iræ* de Pergolèze... nous boirons du champagne... c'est un petit dîner que j'ai improvisé, hier soir, dans les coulisses de San-Carlo, avec d'anciennes connaissances... Ne t'effarouche pas ainsi... Est-ce que tu n'es pas tolérant depuis ce matin? Que veux-tu? moi, je suis un mondain et un mauvais sujet, comme un échappé du froc....

Aussi, pourquoi mon oncle est-il mort?... je serais diacre comme toi, et bon chrétien comme toi. Un héritage et Naples m'ont perdu. Ote Naples et les héritages de ce monde, et je dis la messe à Saint-Jean-de-Latran. Naples, vois-tu? c'est le démon; et le Vésuve, c'est l'enfer. Voici le paradis terrestre. C'est dans ma villa qu'Ève a tenté Adam.

— Quel langage me tiens-tu là! dit Patrick avec ce ton moitié sévère, moitié amical, que prend un ecclésiastique qui sait compâtir aux faiblesses humaines. Vraiment, Lorenzino, tu me scandaliserais, si je n'étais si fort de la grâce de Dieu. Écoute-moi; je n'accepte pas ton dîner, tu me donneras un appartement solitaire, je m'y cloîterai tout le jour; et si vous faites vos saturnales du côté du nord, donne-moi une chambre du côté du midi. Je prierai pour vous tous.

— Écoute-moi, Patrick, nous sommes seuls encore ; ma flotille de canots chargés de convives n'arrivera que dans une heure. Tu as le temps de recevoir ma confession. Je t'ai trouvé hier à la *locanda* de la *Victoire*, en arrivant de Rome ; depuis un an je ne t'avais pas vu. Bien des choses arrivent dans un an ! le sage devient fou. Il n'a fallu qu'une minute au saint roi David pour voir Bethsabé au bain et pour aimer la femme d'Urie. Je n'ai pas la prétention d'être aussi expéditif dans mes passions. Il me faut un an pour me corrompre. Que diable ! l'homme n'est pas parfait ! J'ai donc quitté Rome après Pâques pour tomber à Naples, hier, à l'ouverture de San-Carlo.

On jouait la *Sémiramide* ; je suis fou de cet opéra. Si l'on ne joue pas la *Sémiramide* au paradis, je refuse la porte à saint Pierre. Tout cela est de l'hébreu pour toi, mon cher ami, mais je suis obligé de te parler hébreu. J'ai une idée dominante dans le cerveau, et je la jetterais à cet arbre s'il me manquait un auditeur. Patrick, récite un *Miserere* à mon intention : je suis amoureux.

— Je ne vois pas de mal à cela, mon fils : l'amour est permis à l'homme, l'amour chrétien. Jésus-Christ a institué le mariage.

— Je respecte infiniment le mariage, mon cher catéchiste, mais je le cultive peu. Le mariage est une chose si sacrée que je me tiens à distance par respect.

— Si c'est une passion mondaine que tu as au cœur, Lorenzo, il faut demander à Dieu la grâce de la combattre.

— Ecoute, mon cher abbé; nous avons passé trois années ensemble au séminaire, tu t'en souviens? j'ai entendu donc trois fois trois cent soixante-cinq discours dans le genre de ceux que tu me fais. Il me semble que c'est suffisant.

— Eh! qu'attends-tu de moi? Crois-tu que je vais oublier mon ministère pour te donner des conseils impies? Si tu persistes dans tes égarements, je me tairai et je ferai à Dieu une sainte violence pour qu'il t'éclaire dans ta nuit et te conduise au chemin de la paix.

— Merci!

— Tu te fais plus libertin que tu ne l'es, mon pauvre Lorenzo !...

— Oh ! laissons les sermons à la chaire de Saint-Janvier.

— Comme tu voudras.

— Patrick, donne-moi ton secret ; comment, diable ! fais-tu pour être saint ?

— Lorenzo, je ne suis qu'un pécheur ; le juste pèche sept fois par jour.

— Il est bien heureux, ce juste-là !

— Lorenzo, laisse-moi partir ; ma présence ici gênera ta société, qui ne me paraît pas fort dévote, si j'en juge par toi.

— Tu resteras ! tu resteras ! partir ! y songes-tu? sais-tu bien ce que tu perdrais en partant? Je veux que tu dises, à Dublin, que tu as dîné... devine...

— Avec?.....

Et Patrick trembla.

— Avec notre grand Rossini, l'auteur de la *Sémiramide!*... Eh bien! reconnais le pouvoir d'un nom, mon cher Patrick... te voilà tout bouleversé! tu es pâle d'émotion... Ah! c'est que tu es artiste, toi, à ton insu. N'est-ce pas toi qui nous a mis en musique, au Vatican, les lamentations de Jérémie? Je me souviens que ton *Aleph* me donnait des frissons. Tu es un grand musicien, te dis-je, parole d'honneur!... Voyons, as-tu le courage de partir maintenant?

— L'auteur de la *Sémiramide* ne peut être qu'un démon.

Patrick roula des yeux sinistres et Lorenzo poussa un grand éclat de rire. Quand le rire fut calmé, il dit à Patrick en l'entraînant vers la maison :

— Si Rossini est un démon, tu feras le signe de la croix à table, et il disparaîtra. Nous dînerons plus à l'aise avec un convive de moins.

— Lorenzo, tout bien réfléchi, je reste.

— J'ai deviné. Tu veux voir Rossini ?

— Oui.

— Tu le verras. C'est un bon enfant, et pas plus démon que musicien, un farceur qui rit toujours! qui raconte un tas d'historiettes à mourir de rire, et qui déteste les gens sérieux!

— L'auteur de *Sémiramide!*

— Eh! oui, l'auteur de *Sémiramide*, qui mange admirablement et ne parle jamais musique; le meilleur vivant que l'Italie ait nourri de macaroni. Tu vas le voir dans un instant, ce bon démon! vas t'habiller. Tiens, voilà ma clé. Ce domestique t'indiquera mon vestiaire. Tu choisiras dans les nuances : brunes ou gaies. Tous mes habits sortent de l'atelier du monte Citorio; c'est élégant au dernier point. Va, je t'attends, notre flotille ne peut pas tarder.

« Au fond, se dit à lui-même Patrick en montant au vestiaire, au fond, je ne transgresse aucune loi canonique. Il n'est pas défendu à un sous-diacre de voir Rossini. Qui sait même si Dieu ne m'a pas destiné à le convertir!... »

III.

« Tous les artistes du théâtre de San-Carlo, chanteurs, choristes et musiciens, garnissent le rivage de la mer, sous la villa Sorrentina. Lorenzo, en habit de gala, est à leur tête, tout prêt à leur donner un ordre que les artistes semblent attendre avec impatience. A côté de Lorenzo, Patrick se fait remarquer par sa contenance équivoque, et un costume accusé d'emprunt par la gaucherie avec laquelle il est porté.

On voit à un mille de distance la flotille des canots attendus. Elle est superbement pavoisée aux couleurs de Naples et Sicile; elle vole sur la surface de l'eau avec l'agilité d'une troupe de Goëlands. Encore quelques élans des rameurs, et la colonie est arrivée.

Patrick se pencha mystérieusement à l'oreille de Lorenzo et lui dit d'une voix émue :

— Ou mes yeux me trompent, ou quelque chose d'affreux se prépare! il y a une femme dans le premier canot.

— Je te dis que ce n'est point une femme, t Lorenzo, l'œil en feu; c'est un ange, une divinité, un miracle vivant, un phénomène qui parle, chante et rit, une vision, un songe palpable, un démon du paradis. Mais ce n'est point une femme, Patrick.

Et il donna un signal aux choristes et aux musiciens.

Aussitôt les oiseaux cessèrent de chanter dans les accacias, et la mer fit silence. Le chœur de *Sémiramide*, *Fra tanti regi e popoli*, attaqué d'abord par une seule voix de basse, puis répété par la foule, éclata en plein air, libre et joyeux, délivré des coulisses de carton peint et d'un soleil à l'huile, répandant au loin sur la colline, les bois, la mer, un enchantement divin. On aurait dit que les notes rossiniennes, élancées vers le ciel, retombaient en pluie de gouttes d'or sur des lames de cristal, et que toute la campagne se faisait harmonieuse pour saluer le créateur de la *Sémiramide!*

Patrick invoquait son patron et désespérait de la grâce. La flotille abordait au rivage. Le chœur chantait toujours.

On entendit un long et mélodieux éclat de rire, un éclat de rire admirablement chanté comme un *concerto* de violoncelle, et une jeune femme s'écria :

—Très-bien ! très-bien, mes amis ! superbe ! seigneur Lorenzo ! jamais la reine de Babylone n'a été reçue avec cette pompe ! N'est-ce pas, mon cher *maëstro*, qu'on ne chantait pas aussi bien à Babylone, vous qui avez vécu de ce temps-là ?... A mon tour.

Et la femme, jetant aux branches d'un oranger son léger chapeau de paille, et laissant tomber sur son cou ses beaux cheveux noirs, entonna le *fra tanti regi*, comme à San-Carlo. Rossini cueillit une orange et la mangea.

A la fin du chœur et de la scène, Patrick dit à Lorenzo :

— Ce lieu n'est pas bon pour moi, je vais me jeter dans un canot et rentrer à Naples.

Et il alongeait le pied déjà, lorsque Rossini l'aborda joyeusement et lui dit en lui serrant la main :

— Où allez-vous donc, jeune homme, vous nous quittez ?

Patrick rougit et balbutia quelques paroles décousues.

— Moi, je ne vous quitte pas, dit Rossini. Allons, mon enfant, vous êtes trop timide, prenez mon bras et *andiamo a cantina*, j'ai faim... N'est-ce pas, seigneur Lorenzo, que l'absinthe du golfe de Baïa vaut mieux que celle de café Anglais? Oh! le seigneur Lorenzo est sourd, il s'est emparé de la *diva!*

Patrick, entraîné par Rossini vers la table du festin, ressemblait à un cadavre attaché à un corps vivant. Il ne sortit de son évanouissement moral que sur son fauteuil de convive et à la voix de Rossini, qui s'extasiait sur l'ordonnance du repas.

Le jeune Irlandais donna un coup-d'œil rapide autour de lui, et il faillit succomber, cette fois, à son émotion, en se trouvant placé en face de Lorenzo et de la redoutable femme de San-Carlo. Il ne distingua que confusément les cinquante personnes qui couronnaient la table, cette foule était comme perdue dans les rayons de Sémiramis. Le voisin de droite, Rossini, restait seulement visible pour Patrick.

Le silence est ordinairement l'ouverture à la sourdine de tout festin d'artistes, mais, la première faim assouvie, un *tutti* de voix éclata avec plus ou moins d'accord. A la faveur du fracas du second service, Patrick reprit insensiblement ses facultés physiques et morales, et il se recueillit même pour tourner un compliment à ce grand Rossini, son voisin; qui avait eu pour lui tant d'affectueuse politesse sans qu'il le méritât. Raffermissant sa voix avec un verre de *lacrima-Christi*, Patrick se tourna vers le *maëstro*, et s'inclinant sur son assiette, il dit pompeusement :

— Cygne de Pézaro....

Rossini l'arrêta brusquement en agitant sa fourchette, comme un sceptre.

— Je sais cela, je sais cela, mon cher !...

— Harmonieux fils de l'Ausonie, continua Patrick.

— Oui, oui, touchez-moi la main, mon brave jeune homme, et laissons les cygnes et l'Ausonie en repos. Voulez-vous que je vous apprenne à faire une bonne sauce à votre filet? c'est bien simple. Coupez une tranche de limon, exprimez le jus dans de la poudre de piment d'Espagne et de bon carick de Java; délayez le tout dans un anchois fondu à l'huile, et vous m'en direz des nouvelles : cette recette vient de M. de Cussi. Inclinez-vous devant ce grand nom.

Rossini s'aperçut qu'il avait offensé Patrick, et se penchant à son oreille, il lui dit :

— Est-ce que l'accueil que je vous ai fait ce matin ne vous a pas étonné ?

— Quel accueil m'avez-vous fait ? demanda Patrick avec cette dignité que prend subitement un homme fier qui croit avoir reçu une offense.

— Je vous ai abordé comme un ami de vingt ans.

— Un instant je m'en suis enorgueilli. Vous ne me connaissiez pas.

— Je vous connaissais ! je vous connaissais !

dit Rossini avec une émotion qu'il s'efforçait de déguiser.

— Et où m'avez-vous vu ? demanda Patrick d'un ton d'inquiétude.

— Hier soir, dit Rossini à voix très-basse, je cherchais un homme avec la lanterne de Diogène, à San-Carlo, et je vous ai vu.

— Moi ? dit Patrick pâlissant.

— Chut !... oui, vous, j'ai gardé votre visage toute la nuit, là, dans le front. Vous étiez superbe. J'ai fait *Sémiramide* pour vous et pour moi... maintenant brisons là. Buvez un verre de champagne avec moi.

Puis, apostrophant Lorenzo :

— Seigneur Lorenzo, avez-vous dîné quelquefois chez Biffi, rue Richelieu ?

— Souvent, seigneur *maëstro*.

— On y fait bien les *ravioli*. Savez-vous, Maria, le meilleur faiseur de ravioli à Naples?

— Non, répondit Maria.

Si Rossini eût noté ce *non*, il ne l'eût pas fait plus harmonieux à l'oreille.

— Maria, poursuivit Rossini, envoyez, tous les jours à midi au coup de l'*Angelus*, votre domestique au traiteur du *Violon d'Apollon*, vis à vis Saint-Philippe de Néri. Ravioli première qualité.

Et Rossini continuait à remplir le verre de Patrick. Le jeune Irlandais, sobre de profession et de pays, buvait imprudemment, par politesse et par distraction, tout ce que lui versait le créateur de la *Sémiramide*.

Au dessert, l'exaltation bouillonnait dans sa

poitrine, et la moindre cause devait le faire éclater au dehors.

La conversation qui venait de s'établir n'était nullement du goût de Patrick. Il s'attendait à un entretien merveilleux et relevé que devait faire naître naturellement la présence de Rossini et de la célèbre cantatrice. Au lieu de cela, il assistait à une dissertation sur les *ravioli*, la *pasta-frolla*, les *pickles*, la cuisine de Biffi ; et ensuite, si de la cuisine on daignait s'élever à l'art musical, c'était alors une discussion furieuse sur les airs en *ut*, en *fa*, en *ré*, sur les *strette*, les *scherze*, les *cabalette*, les *accords de tierce*, les *andante*, les *allegro*, les *adajyo*, les *majeurs*, les *mineurs*, les *trémolo*, les *sotto voce*, et sur tout cet éternel vocabulaire technique, à l'usage des instrumentistes qui se plaisent à noyer la poésie et l'idée dans un dialecte magistral et assommant.

Rossini ne répondait à toutes les interpellations sur les *scherze* et les *cabalette* que par l'éloge du plat qu'il mangeait.

La célèbre cantatrice disait avec une grâce, un sourire divin, et un verre de punch glacé :

— Mon cher *maëstro*, je suis sincère, moi ; je n'aime pas trop mon rôle de *Sémiramide*, je n'ai point de cavatine à mon entrée ; c'est affreux ! j'entre au temple de Bélus comme dans ma chambre. Faites-moi une entrée, mon cher Rossini.

— La mode du punch glacé, répondait Rossini, nous vient d'Angleterre ; c'est un excitant au rôti.

Patrick se leva, les yeux étincelants et la joue enflammée, comme un homme arrivé au délire de l'exaltation et à l'oubli de lui-même.

— Rossini! s'écrie-t-il, vous chantez pour des oreilles de sourds! Ces hommes sont trop savants pour vous comprendre! Il vous faut à vous, dans vos auditoires, des intelligences simples et naturelles; des imaginations poétiques où les broussailles de la science ne germent pas! Rossini, vous avez bâti une pyramide nommée *Sémiramide;* mais, comme l'architecte égyptien, vous avez muré la porte et placé un sphinx devant.

Un premier violon se leva et apostropha Patrick. Mais l'Irlandais, avec un de ces regards et de ces gestes foudroyants qui suppriment la contradiction, s'écria :

— Silence à l'orchestre! Il y a deux heures que j'écoute vos *bécarres* et vos *bémols*, écoutez-moi à votre tour ou mangez... Oui, *Sémiramide* est une œuvre impérissable et qui ne peut vieillir, parce qu'elle était âgée déjà de quatre mille ans lorsqu'elle naquit. Toute musique a son point de départ, terrestre et connu. La religion, la liberté, la mort et surtout l'amour, sont le point de départ de l'harmonie dramatique. Mais de quelle source est sortie la musique de *Sémiramide?* à quelle impression humaine se rattache-t-elle? Il ne s'agit point de la savante combinaison des accords, mais de la pensée dominante qui plane sur cette partition incroyable et impossible. Rossini a dédaigné là tout ce qui fait le triomphe vulgaire et facile. Il n'y a point d'amour, point de passion charnelle, point de liberté qui se révolte contre la tyrannie; point de danse, point d'intérêt bourgeois; rien. C'est une fable renouvelée du déluge; un spectre dont on peut se moquer, si l'on ne croit pas aux spectres; une mère infâme; un Assur féroce, un grand-prêtre stupide; un Arsace efféminé qui joue l'homme avec un contralto. Eh bien! avec ces personnages usés jusqu'aux sandales dans les ornières de l'école; avec ce drame sans vérité, sans nouveauté, sans intérêt, Rossini a créé un monde; il a pris toutes ces antiquailles et tous ces pantins de la mythologie de Bélus, et il vous a rassasiés d'émotions inconnues qui nous semblent venir d'un sixième sens. Nous n'avons pas vécu à Babylone, nous ignorons absolument quelles mélodies couraient avec les vents dans les palmiers des jardins suspendus, et un mystérieux instinct d'artiste nous dit que toute cette ardente musique est pleine de parfums babyloniens, dans ses joies, dans ses fêtes, dans ses triomphes, dans ses terreurs, dans ses remords, dans ses ombeaux. Avant la *Sémiramide*, vous ne deviez avoir que des œuvres courtes, belles dans certaines parties, mais expirant faute d'haleine. Dans la *Sémiramide* tout s'élance d'un foyer inépuisable; l'orchestre est comme un volcan qui prodigue les pierreries, comme le Vésuve les atômes de cendre. C'est une puissance de souffle surhumaine, une aspiration colossale, comme si une pyramide entr'ouvrait ses flancs pour donner passage aux torrents d'air emprisonnés dans elle depuis Ninus. C'est une profusion de richesses à épuiser tous les trésors de l'Orient!... Sémiramis, la grande reine, entre comme elle doit entrer, belle, tremblante et muette; l'hymne éclate autour d'elle, mais la coupable reine se tait. Voici Arsace qui arrive, écoutez ce qu'il chante, et dites si cela vous rappelle un mode connu. Écoutez son duo avec Assur, et dites-moi si jamais la musique, dans des proportions si étroites, a produit quelque chose de plus large, de plus varié, de plus opulent. Écoutez ces airs de volupté orientale que les femmes de la reine chantent dans les jardins, et dites-moi si vous ne respirez pas le doux poison qui circulait dans le gynécée des reines adultères. Écoutez le finale du tombeau, et dites-moi si jamais la métaphysique des terreurs surnaturelles a trouvé une langue plus formidable pour vous donner les frissons de la mort ! Après cette lugubre et terrible scène qui vous fait croire à l'incroyable, il semble que le pouvoir de l'artiste créateur ne peut aller au delà. Comptez sur Rossini : vous n'avez vu encore que le péristyle du temple ; vous avez fait un pas ; entrez. La même énergie de tons, la même vigueur d'haleine vous jettera d'autres merveilles. Rossini vous fera même assister à une scène qui est le prodige de l'art ; il vous attendrira sur une mère couverte du sang de son époux, et qui embrasse son fils ; Rossini tirera du néant, pour accomplir cette réconciliation impossible, des notes fondues dans le creuset céleste au jour de la clémence de Dieu. Et ne croyez pas que tant de miraculeuses choses soient toutes l'effet des savantes combinaisons de l'art, ou même des inspirations solitaires du poète ; il est arrivé à Rossini ce qui ne manque jamais aux génies sublimes : le bonheur ! Sous l'obsession de son démon, Rossini obéissait souvent, à son insu, à une loi surnaturelle qui lui dictait les échos d'un monde évanoui. C'était l'association de deux natures, dont une seule se matérialisait et prenait un corps humain ; l'autre restait dans ces profondeurs de l'espace, où quelque invisible génie garde tous les trésors de joie, de colère, de douleur, d'amour, de flamme, que l'homme a dépensés depuis sa création !

Patrick se laissa tomber sur son fauteuil, son visage était écarlate ; ses cheveux hérissés s'agitaient comme des flammes. Il jeta sur la femme un regard dévorant ; et, fermant les yeux, alongeant les bras sur la table, roulant son visage sur ses mains, il garda l'immobilité de la tombe ou du sommeil.

La stupéfaction était peinte sur tous les convives. Rossini, le plus spirituel des hommes de génie, grimaça le sourire et chercha, pour la première fois, une plaisanterie de circonstance, mais pour la première fois il ne trouva rien. La belle Maria, convulsivement agitée, avait alongé ses bras nus et superbes sur la table; et, la poitrine en avant, les tresses déroulées sur les tempes et les épaules, le visage immobile, l'œil fixe et largement ouvert, elle ressemblait à un sphynx de marbre blanc, exhumé d'une fouille du temple napolitain d'Isis et Sérapis.

Mais de tous les convives le plus merveilleux à voir était Lorenzo, le maître du festin et de la villa. Ce qu'il avait entendu, ce qu'il voyait, lui paraissait inexplicable; il continuait à regarder Patrick avec des yeux humides d'émotion, et bouleversés par une sorte de terreur. Personne n'osait hasarder une réflexion avant Lorenzo, et lui ne savait quelle tournure donner à cette scène sans nom. Tout à coup il se leva, doubla un des bouts de la table, et soulevant Patrick, il l'emporta évanoui ou endormi dans l'intérieur de la maison.

Un domestique vint annoncer, de la part de son maître, que le seigneur Lorenzo consacrait le reste de la journée à son ami malade, et que chaque convive était rendu à sa liberté.

Les invités, toujours silencieux, se levèrent et marchèrent lentement vers le rivage, où les rameurs les attendaient.

Ils étaient déjà bien loin, et la célèbre cantatrice n'avait pas encore quitté sa place.

—Madame, lui dit Rossini, songez que nous avons une répétition à quatre heures.

Maria fit un mouvement nerveux de la tête et des bras, comme si elle eût dormi éveillée, et qu'une voix l'eût arrachée à cet étrange sommeil; et, se levant avec une vivacité convulsive, elle dit :

— C'est juste, allons à la répétition.

Le lendemain de ce jour, Patrick se levait avec le premier rayon du soleil dans une chambre de la villa Sorrentina. Il ouvrit la croisée et respira, dans l'air frais du matin, le meilleur remède que la médecine puisse conseiller après une furieuse agitation.

Lorenzo entra; et les deux amis, un peu embarrassés l'un de l'autre, se serrèrent affectueusement la main.

Avec une question banale on sort facilement d'une position équivoque.

— Comment as-tu passé la nuit? dit Lorenzo avec une aisance affectée qui voulait ménager son ami.

— Fort bien, dit Patrick... Est-ce que j'ai été malade?

— Non, c'est une question d'habitude que je te fais.

Patrick ferma les yeux comme pour regarder sans distraction en lui-même quelque souvenir confus de la veille, et prenant la main de Lorenzo :

— Mon ami, dit-il, viens à mon aide ; que s'est-il passé hier ? quelque chose me pèse, là, sur le front... Ai-je dormi long-temps ?

— Quinze heures, dit Lorenzo en riant.

— Quinze heures ! j'ai fait des rêves étranges... attends... attends... le brouillard se dissipe... je commence à voir clair.... oh ! sainte pudeur !

Et il jeta son visage dans ses mains.

— Enfant ! dit Lorenzo avec un accent d'affection touchante ; enfant, ne prends donc pas la peine de rougir ainsi devant moi.

— Lorenzo, c'est décidé ; je pars pour Rome aujourd'hui, j'irai me jeter aux pieds du Saint-Père.

— Eh! quel crime as-tu commis, innocent?

— Patrick !...

— Tu as bu du champagne et du lacryma-Christi : voilà de quoi désespérer de son salut!

— J'ai bû l'enfer! s'écria Patrick.

Et il étreignit fortement sa poitrine dans ses bras.

— Mon ami, dit Lorenzo, parle-moi avec franchise; depuis hier, je suis bouleversé. J'ai passé ma nuit sur le seuil de ta porte pour écouter la voix de tes songes et obtenir une confidence de ton sommeil. Que se passe-il en toi de mystérieux, d'inexplicable, depuis hier?...

Patrick ne savait ce qu'il allait répondre, lorsqu'un domestique annonça sur l'escalier qu'il avait une lettre à donner à M. Patrick de Dublin.

Lorenzo prit la lettre et la remit à son ami.

Patrick ouvrit et lut :

« My dear Sir,

« J'espère que vous serez assez bon pour
« accepter un déjeûner sans façon et frugal à

« la villa Barbaïa, au Pausilippe. Nous serons
« aussi peu de monde que vous voudrez. Je
« vous ai fait retenir, ce soir, à San-Carlo,
« une loge à côté de la loge du roi. On joue
« votre *Sémiramide*.

« Maria. »

Démon ! s'écria Patrick en froissant le billet dans ses mains... tiens, Lorenzo, lis. Est-ce un tour de l'enfer, celui-là ?

Lorenzo prit le billet, et sa figure se couvrit d'une pâleur mortelle.

— Est-ce à toi ou à moi que ce billet est adressé ? demanda-t-il d'une voix éteinte par l'émotion.

Pour toute réponse Patrick remit l'enveloppe du billet à Lorenzo.

— Oui, dit le jeune Italien, c'est à toi :
A M. Patrick O..... de Dublin... l'adresse est précise, c'est bien à toi... Et comptes-tu aller à cette invitation... mystérieuse, Patrick ?

L'Irlandais, les bras croisés sur sa poitrine, se promenait à grands pas et paraissait méditer quelque résolution.

— Patrick, poursuivit Lorenzo, il paraît que la belle actrice a découvert ton nom à l'hôtel de la Victoire... du moins, je suppose... Il paraît que cela lui tenait au cœur.

Patrick ne répondit pas. Lorenzo sortit un instant de la chambre, sans être remarqué de son ami, et dit quelques mots à l'oreille du domestique sur l'escalier.

Rentré, il prit vivement le bras de Patrick et lui dit :

— Mon ami, tu es appelé à la villa Barbaïa, le sais-tu? Suis-je indiscret en te demandant si tu me quitteras pour ce déjeûner?

— Eh bien! s'écria Patrick, puisque l'enfer le veut, l'enfer sera content. Oui, j'irai à la villa Barbaïa!

— Malheureux! s'écria Lorenzo, tu renies donc tes devoirs?

— J'appelle la grâce à mon secours, et la grâce ne vient pas.

— Patrick, songe à l'habit que tu portes!

— L'habit que je porte est le tien; je ne

souille pas l'habit de saint Pierre. A quoi songes-tu, de me donner de si sages conseils aujourd'hui, toi si libertin hier?

—Patrick, tu vas me comprendre. Si j'avais reçu une invitation de cette femme, sans y voir figurer ton nom à côté du mien, j'aurais refusé.

— Oui, voilà seulement ce qui te révolte, Lorenzo. Tu es sincère?

— Très-sincère!

— Eh bien! ce billet m'autorise à choisir ma société. Je t'invite.

— Quelle étrange plaisanterie me fais-tu là?

— Je parle sérieusement. Accompagne-moi à la villa Barbaïa.

— Non, mille fois non, je reste. Il n'y a pas un souvenir d'une ligne pour Lorenzo dans ce billet... L'intention de celle qui écrit est évidente... on veut être seule avec toi.

— Adieu, Lorenzo ; ma tête brûle ; la volonté manque à mon âme ; je suis sur une pente horrible : l'abîme appelle l'abîme ; il faut aller au fond du gouffre.

— Adieu, Patrick.

— Où te reverrai-je, Lorenzo ?

— A San-Carlo, ce soir.

— A San-Carlo !... Mon Dieu ! mon Dieu ! pourquoi m'abandonnez-vous ? ce fut le cri du fils de l'homme sur le calvaire !.... Oui, Lorenzo, je sens sur mon front le sceau de la réprobation... A San-Carlo !

Et il fit un pas vers la porte pour sortir. Lorenzo, au comble de l'agitation, courut à lui ; et prenant ses deux mains et mettant sa figure à deux doigts de la sienne, il lui dit d'une voix effrayante :

— Patrick, tu l'aimes donc cette femme ?

L'Irlandais jeta sur Lorenzo un regard mélancolique et dit :

— Adieu ! adieu !..

Et il sortit de la chambre avec une précipitation qui ressemblait à la folie.

Lorenzo s'assit et le suivit quelque temps de l'œil avec un sourire où perçait la malignité. Puis il appela son domestique et lui demanda si ses ordres avaient été suivis. Celui-ci répondit que tous les canots de la villa étaient déjà bien loin, qu'il ne restait dans la baie qu'un batelet plat, sans rame, et à demi submergé.

— C'est bien, dit Lorenzo, je vais voir rentrer mon Patrick, que j'ai fait prisonnier de guerre. On l'attendra long-temps à la villa Barbaïa ce matin, et à San-Carlo ce soir.

Une demi heure s'étant écoulée, Lorenzo conçut quelque inquiétude, et il se leva pour jeter un coup d'œil sur le rivage. Sous les arbres, dans les allées, sous la grève, tout était désert et silence. Il appela son ami à haute voix et à plusieurs reprises. La réponse attendue ne résonna pas dans l'air. L'anxiété de Lorenzo augmentait à chaque instant. — Mais cet homme est un démon incarné! disait-il à un interlocuteur absent, comme on parle dans le jardin de l'hospice des fous; cet homme est un démon!... où diable a-t-il vu la Sémiramide ? où s'est-il rendu amoureux de cette femme ? et maintenant quel chemin a-t-il pris pour aller à la villa du Pausilippe ? et il est aimé ! il est aimé ! ! ! ! ! aimé de cette femme !... et pour un mauvais feuilleton sur *Sémiramide*, qu'il a prêché hier entre deux flacons de *lacryma-Christi !* Oh ! ma position est intolérable! il faut que j'en sorte à tout prix.

Le jardinier de la villa revenait de la pêche en ce moment, et passait, les lignes sur l'épaule, devant Lorenzo. A la première question que lui fit son maître, la vérité se révéla. Le jardinier avait vu un jeune homme accourir sur le rivage, et lançant des regards inquiets autour de lui comme pour chercher un canot.

Puis ce même jeune homme apercevant une barque de pêcheur qui cinglait dans la direction de Naples, à peu de distance de la côte, il s'était jeté bravement à la mer et avait atteint la barque en quelques élans.

— Mais cet ange d'hier est donc un démon aujourd'hui! s'écria Lorenzo.

Puis, s'adressant au jardinier, il lui dit :

— C'est l'heure du retour de la pêche; reste ici; attache tes yeux sur la mer, et ne manque pas de héler le premier bateau qui passera à la portée de ta voix. Il y a cinq ducats à gagner pour le patron. Je t'attends à la maison et si tu m'amènes une barque, il y a cinq ducats encore pour toi.

— Je promets à votre seigneurie un patron,

dans un quart d'heure, dit le jardinier en s'inclinant.

Et Lorenzo reprit le chemin de la villa, répétant à haute voix son éternel monologue :
—Cet ange est un démon.

V.

La villa Barbaïa est une résidence délicieuse, elle est suspendue au flanc du Pausillippe, comme un blanc et frais nourrisson au sein de sa mère. Il y a des treilles charmantes, de doux abris, de ravissantes échappées de mer et de montagnes, des bois recueillis où l'on entend des murmures pleins de grâce, de mélodie, de volupté, d'amour.

Patrick se promène sous les arbres qui couronnent la villa bien avant l'heure convenue de l'invitation ; il porte un costume élégant, au suprême goût de la fashion; c'est dans la ville de Tolède qu'il s'est habillé mondainement de pied en cap ; plus heureux que Léandre qui ne trouvait pas de tailleurs quand il arrivait au pied de la tour d'Héro. Un domestique a promis de le prévenir quand sonnera l'heure de la réception. Le jeune novice Irlandais est charmé de ce retard qu'il emploie à préparer des questions et des réponses. Mais, à chaque instant, il ouvre le précieux billet, et tâche de découvrir, sous le voile des expressions, la véritable et occulte pensée de la femme artiste. Quel admirable plan de vie il s'organise à loisir! Sans doute, cette villa charmante appartient à la célèbre cantatrice. Ce sont bien là les jardins suspendus de *Sémiramide*. Oh! que l'existence doit être douce entre l'azur de ce ciel, et l'azur de ce golfe! Quel ravissement d'être le maître, le favori ou l'esclave de cette reine superbe, et de la recevoir là, toute palpitante des caresses de San-Carlo, et de dire à tout ce monde en délire et brûlé d'inutiles désirs : Oui, cette femme....

Patrick n'osait achever son idée, mais si quelque témoin de son agitation eût passé, il aurait vu que le jeune homme était partagé entre les sentiments les plus opposés, la joie et le désespoir; l'extase et le remords; la honte et l'orgueil.

A l'heure annoncée, Maria se leva comme une étoile entre deux colonnes de marbre de la villa. Elle portait, comme toujours, une simple robe blanche, virginalement agrafée à la racine d'un cou! pur et blanc comme l'ivoire. Sur sa belle tête nue, l'ébène fluide des cheveux se divisait mollement, et roulait en bandelettes égales sur ses épaules. Au premier sourire qu'elle laissa tomber de ses yeux veloutés et limpides, cette création immense et sublime sembla sortir du chaos et tressaillir de joie comme l'Éden à la naissance d'Ève. Le plus beau paysage sans la femme n'est que la silhouette du néant !

Patrick la vit et son regard expira d'amour. Il se raffermit sur ses pieds et marcha lentement vers la maison. En cet instant décisif, toutes les belles choses qu'il avait préparées s'évanouirent dans sa mémoire. Il ne trouva sur ses lèvres convulsives que des phrases obscures et bégayées. Maria, avec cette noble familiarité des grands artistes, lui tendit gracieusement la main comme à une ancienne connaissance, et lui dit :

— Vous êtes exact comme un gentilhomme anglais, mon cher monsieur Patrick; êtes-vous seul?

— Oh! seul! répondit Patrick avec une expression de mystère qui fit sourire la belle dame.

— C'est que votre ami aurait été de trop ce matin.

— J'ai laissé mon ami à la villa Sorrentina.

— Très-bien, sir Patrick ! votre indisposition d'hier n'a pas eu de suites?

— Pas eu de suites! répondit Patrick en écho.

— Permettez-moi de vous introduire et de vous présenter à mon cher *impresario*.

Patrick n'entendit pas la fin de cette phrase. En ce moment, toutes les cloches de Naples sonnèrent l'*angelus*, et cette harmonie aérienne et religieuse fit tressaillir le jeune Chrétien, comme si sa mère l'Église lui eût envoyé un reproche et un conseil par toutes les saintes voix de l'air. Quelques larmes de remords tombèrent de ses yeux, mais elles furent bientôt dévorées par la flamme de passion qui brûlait son visage, et changées en un sourire par les sons d'un cor qui jouait un air de la *Dame du Lac*.

Attiré par le geste d'une femme, comme le fer par l'aimant, Patrick se trouva, sans y songer, dans une salle charmante peinte à fresque et toute remplie d'images païennes comme un triniclium de Pompéïa.

Patrick s'inclina devant un étranger qu'il supposa être le père de Maria, ce qui donna soudainement à sa position un caractère moral dont il s'estima heureux de s'applaudir.

Il n'y avait que trois couverts. On se mit à table. Patrick, feignant de se retourner pour regarder une Danaë sous sa pluie d'or, peinte à fresque, dissimula un *benedicite* et deux rapides signes de croix..... — Lâche déserteur que je suis! se dit-il dans une réflexion mentale. Et sous les plis de sa serviette qu'il déroulait, il frappa sa poitrine trois fois.

Au premier service, il eut l'air d'excuser son silence par son appétit. La conversation d'ailleurs n'était pas effrayante pour lui. On parlait des recettes de San-Carlo, du prochain *gala,* d'un bon mot du prince de Syracuse, de la fuite d'une choriste qui s'était enlevée avec une *contrebasse;* de l'arrivée d'un jeune peintre décorateur qui devait effacer San-

Quirico ; enfin d'une foule de ces riens qui défraient les conversations des artistes et des directeurs.

Insensiblement Patrick reprenait sa tranquillité. Mais, au milieu de tous ces petits propos sans consistance et sans but, Maria laissa tomber une phrase qui replongea l'Irlandais dans un trouble alarmant. Cette phrase fut prononcée lentement et d'un ton si affecté que Patrick ne put s'empêcher d'y attacher une intention.

— Moi, avait dit la jeune actrice, ma liberté m'est douce, et si je la perds, ce ne sera qu'en épousant un grand artiste. J'ai refusé des princes, c'est connu.

Patrick fut surtout bouleversé par le regard qui accompagnait ces paroles.

Au dessert, l'*impresario*, qui était plus que jamais pour Patrick le père de Maria, prit un air solennel, et regardant fixément le jeune Irlandais, il lui dit :

— Sir Patrick, vous allez connaître maintenant quelle a été notre intention en vous priant de vous rendre seul à ce déjeûner.

Voilà la proposition de mariage qui arrive, pensa l'Irlandais. Et il passa vingt fois dans une minute, de l'enfer au paradis. L'impresario continua :

— J'espère que vous me répondrez franchement, sir Patrick. (Patrick fit un signe affirmatif.) Hier soir, madame notre divine *prima donna* est revenue de la villa Sorrentina, toute enchantée de votre mérite, et le maëstro Rossini lui-même exécutait avec Madame, à votre sujet, un véritable duo d'éloges; à tel point que vous avez forcé Rossini à se prendre au sérieux. Un miracle! on a dit que vous aviez parlé de l'art en artiste, mais en artiste hors de ligne, et qu'il n'y avait en Irlande qu'un seul homme de cette puissance musicale, le célèbre tenor Patrick qui a débuté à *Royal-Theatre*, à Dublin, en 183., ainsi que ma correspondance me l'annonça dans le temps. J'ai su depuis que le célèbre tenor est venu se perfectionner incognito à Milan et à Bologne, et qu'il a chanté, à la loggia, chez madame de Valabrègue, avec madame Duvivier, soprano et contralto, un duo d'*Armida* de manière à enlever les applaudissements. Le chevalier Sampierri, qui est le premier accompagnateur de la Toscane, m'a confirmé tout cela. Sir Patrick, il nous manque un tenor à San-Carlo pour faire notre saison. Nous en avons un qui, par malheur, est un tenor *sfogato*. Ce n'est pas mon affaire. Dans la *Sémiramide*, nous pouvons à la rigueur nous passer d'un premier tenor; dans cet opéra, Rossini n'a sérieusement écrit que la *basse*, le *contralto* et le *soprano*. Le tenor y est accessoire. Mais si nous voulons monter *Othello*, par exemple, qui fait toujours *fanatisma*, nous sommes sans tenor. Comprenez-vous ma position, sir Patrick?

L'Irlandais écoutait ce discours si étrange

pour lui; plutôt avec ses yeux qu'avec ses oreilles; il regardait l'*impresario* d'un air effaré, qui pouvait passer pour l'expression du vif intérêt que lui inspirait ce préambule. L'*impresario*, augurant bien de l'attention muette de son convive, continua ainsi :

— La saison s'annonce bien à San-Carlo. Nous avons cent quarante familles anglaises à Naples; onze princes russes avec leur suite, et nombre de riches Espagnols. Ce n'est pas le bon public qui manque; c'est un tenor. Aussi je suis prêt à faire tous les sacrifices possibles pour avoir un tenor *assoluto* comme vous, Monsieur (Patrick bondit); oui, comme vous, Monsieur; l'incognito est désormais impossible, et je vous offre mille livres et une représentation à bénéfice qui vous vaudra bien autant.

Il n'y a pas une tête dans tous les tableaux des musées d'Italie qui puisse donner idée du sentiment indéfinissable qui contractait le visage de Patrick. Ses traits semblaient avoir changé de place : il regardait l'*impresario* de l'air d'un homme, qui, réveillé en sursaut, d'un profond sommeil, serait obligé de faire une réponse à une question inconnue.

L'*impresario*, habitué à avoir autour de lui les visages les plus extravagants de la terre, crut voir, au silence de Patrick, que ses propositions n'avaient point paru assez avantageuses, et il offrait deux cents livres en sus des mille.

— C'est juste ce que je gagne! dit la *prima*

donna. M. Patrick ne peut plus hésiter.

— Vous ne pouvez plus hésiter, dit l'impresario.

— Cet *Érinn!* cet *Érinn!* ce maudit vaisseau qui a été obligé de rentrer dans le port! s'écria Patrick; et il cacha son visage avec ses mains... Après une pause, il ajouta :

— Fatalité! fatalité! la damnation d'un homme est attachée à un coup de vent!

Cette fois, ce fut l'impresario qui ouvrit des yeux démesurés. La prima donna, les deux coudes sur la table, les mains jointes, avait repris sa position de la veille, et regardait Patrick avec une inquiétude mêlée d'effroi.

Patrick saisit au vol un moment lucide de bonne inspiration et dit à l'*impresario* :

— Monsieur, vous m'avez pris au dépourvu; je ne suis pas prêt à vous répondre. Donnez-moi un jour de réflexion.

— Excusez, monsieur Patrick, l'indiscrétion que nous avons commise en trahissant votre incognito. N'attribuez ce procédé, peu convenable, j'en conviens, qu'au désir de mettre en relief votre talent sur le premier théâtre du monde, et aux nécessités urgentes de service lyrique où je me trouve en ce moment. Vous excuserez un véritable *impresario in angustie*.

— Maintenant parlons d'autre chose, s'il vous plaît, dit Patrick.

— Soit, dit l'*impresario*.

Et jusqu'à la fin du repas il se fit un échange de mots insignifiants, comme il arrive après une conversation ardente qui a mis tous les interlocuteurs dans l'embarras.

En se levant de table, l'*impresario* dit à Patrick :

— Nous avons quelques petites affaires au théâtre pour la représentation de ce soir, vous nous permettrez de vous accompagner à la ville, dans une heure. Moi, j'ai quelques ordres à donner ici. Mais je vous laisse en bonne compagnie.

— Je suis à vos ordres, dit Patrick.

Lorsque Maria et l'Irlandais se trouvèrent seuls sur la terrasse, la conversation ne tarda pas de s'établir. La prima donna regarda fixement Patrick et lui dit :

— Douze cents livres et un bénéfice ! il n'y a pas de quoi demander vingt-quatre heures de réflexion !

— Madame, dit vivement Patrick, je suis de race montagnarde, et je ne sais pas garder mes sentiments. Si vous m'offriez les trois plus belles choses de ce monde, votre main, votre fortune, votre amour, je vous demanderais un jour de réflexion.

— Ah! dit l'actrice avec un sourire charmant, il paraît que vous êtes habitué au bonheur ! Vous le marchandez quand on vous le donne gratis.

— Oh! ne me raillez pas, Madame; plaignez-moi! vous voyez devant vous un homme qui, depuis trois jours, doute de son existence, un homme qui fait un rêve pénible et qui ronge ses poings sans pouvoir se réveiller.

— Expliquez-vous, Monsieur, dit l'actrice avec émotion, et si l'intérêt que vous m'avez inspiré...

—Madame, n'achevez pas! n'achevez pas! Il m'est aussi impossible de connaître mon bonheur que mon malheur. Entre vous et moi il y a un abîme! je devais vous fuir, et ma vie s'éteint loin de vous. Je voudrais rester là sur cette place, et la plus impérieuse des voix me dit de m'éloigner. L'air que je respire ici me tue et me ressuscite; je sens sous mes pieds le feu de l'enfer et dans mon cœur les extases du paradis. Il y a deux êtres en moi : l'un blasphème, l'autre prie; et si cette lutte se prolonge, je sens que ma raison y périra !

— Revenez à vous, Monsieur, dit Maria d'une voix mélodieuse et pleine d'affection. Je pourrais m'assurer de vos paroles, mais vous êtes si sincère dans l'expression de vos sentiments, que je vous accorde mon estime et mon amitié.

— Eh ! Madame, quand vous m'offririez votre amour, je vous répète qu'il me serait impossible de l'accepter.

— Alors quel est votre but, Monsieur ! qu'exigez-vous ?

— Rien ! je me plains. Me refuserez-vous la

plainte? la plainte, seule consolation que Dieu ait donnée à l'homme!

— En vérité, Monsieur, je ne sais si je dois plus long-temps entendre...

— C'est bien, Madame, je me tairai.

— Surtout réfléchissez, Monsieur, à ma position : elle est fort délicate. Je ne suis nullement préparée à une confidence qui me paraît inopportune aujourd'hui, mais qui plus tard...

La subite arrivée de l'*impresario* coupa sur ce mot la phrase la plus intéressante de l'entretien. Patrick s'éloigna de quelques pas pour dissimuler à l'*impresario* l'horrible trouble qui l'agitait. Celui-ci profita de l'instant pour dire à Maria :

— Eh bien! l'avez-vous décidé? accepte-t-il? débutera-t-il dans *Othello?*

— C'est possible, répondit au hasard l'actrice, trop préoccupée de la situation pour écouter l'*impresario*.

La voiture attendait au bas de la rampe. Patrick refusa d'y monter, pour se ménager le plaisir, disait-il, d'aller à Naples en se promenant. — A ce soir donc à *San-Carlo !* dit l'*impresario*. — A ce soir ! dit Maria.

L'*impresario* était déjà dans la voiture. L'actrice tendit la main à Patrick. — A ce soir! lui dit l'Irlandais, et quand vous serez délivrée à *San-Carlo*, je vous donne rendez-vous au pied des autels.

Patrick avait cru se réconcilier avec lui-même en légitimant son amour par cette promesse sainte. Mais bien qu'il n'eût pas été encore consacré par le sacerdoce, il avait fait d'irrévocables vœux, et chacune de ses pensées était déjà un sacrilège et un parjure devant Dieu.

S'entretenant avec ses réflexions, il se promène sur le bord de la mer, en attendant l'heure du spectacle. On jouait l'ouverture lorsqu'il entra dans la loge de San-Carlo. Plusieurs convives de la villa Sorrentina y avaient déjà pris place, et Lorenzo était du nombre.

Patrick serra la main de son ami, et ne

remarqua pas l'horrible pâleur qui couvrait le visage du jeune Italien.

Lorenzo fit un sourire forcé, et se penchant à l'oreille de Patrick, il lui dit : — Que de choses tu dois avoir à me conter, heureux Patrick ! — Silence ! répondit l'Irlandais, je veux écouter l'ouverture. — Encore un mot, mon cher Patrick ; où diable as-tu vu jouer la *Sémiramide* dans ta vie ? — Ici. — Patrick, tu es damné !

Le jeune diacre tressaillit ; mais le rideau se leva, emportant avec lui dans ses plis les terreurs religieuses de Patrick.

La salle entière attendait Sémiramide. Quand elle parut, les cinq rangs de loges éclatèrent, comme un vaisseau à cinq ponts qui ferait feu de tous ses sabords. Deux hommes seuls n'applaudirent pas : Lorenzo et Patrick.

Au moment où le grand-prêtre entonnait le *Fra tanti regi e popoli*, la cantatrice lança vers la loge de Patrick un de ces regards rapides et lumineux que les actrices savent si bien adresser à un seul visage et dissimuler à toute une multitude. Patrick vit le ciel s'entr'ouvrir, et toutes les joies de la vie entrèrent dans son cœur.

Alors une voix dit au fond de la loge : — On demande M. Patrick O.....

— Qui m'appelle ? dit le jeune Irlandais.

— Vous êtes prié de descendre au péristyle, dit la voix.

— Je garde ta place, dit Lorenzo ; et un sourire infernal contracta sa figure.

Patrick descendit.

— Un domestique lui remit une lettre scellée des armes épiscopales.

Il ouvrit et lut.

Le prélat napolitain, menaçait Patrick des foudres de l'excommunation, s'il n'allait, à l'heure même, s'enfermer au couvent des Camaldules pour y faire une retraite d'un an.

En ce moment, une porte s'ouvrit dans les corridors, et le mot *spavento* tomba, comme un coup de foudre, sur la tête de Patrick.

Patrick releva fièrement le front vers le ciel comme pour invoquer Dieu, et il dit :

— Aux Camaldules!

Et il sortit du théâtre d'un pas ferme et résolu.

VI.

Quinze mois environ après cette scène, par un beau soir d'été, un jeune prêtre se promenait en récitant son bréviaire sur les rives du lac de Killarney, dans le comté de Kerry en Irlande. Il eût été difficile de reconnaître dans cet ecclésiastique le fougueux Patrick de la villa Sorrentina, tant il avait été miné par les jeûnes, les veilles ardentes de la prière, les austérités du cénobite, la méditation et le repentir!

Ordonné prêtre, depuis un mois, dans l'église de Saint-Patrick, à Dublin, il avait été envoyé à la petite ville de Killarney pour y remplir les fonctions de vicaire, et il s'était enseveli avec joie dans ce recoin de l'Irlande, comme dans un tombeau.

Après la scène de San-Carlo, il avait embrassé aux camaldules la vie muette et contemplative des trapistes, il n'avait parlé qu'à son âme, il n'avait écouté d'autre parole que l'incessante voix de la prière, qui roule nuit et jour dans l'église, le cloître, le dortoir d'un couvent. Mais après son ordination, lorsqu'il eut élevé entre le monde et lui une barrière insurmontable, il crut devoir écrire à son ami de séminaire, Lorenzo, une lettre dans laquelle il se révélait à lui dans la pensée de sa nouvelle position, afin que d'anciens scandales fussent effacés de la mémoire de tout le monde. Voici cette lettre qui fit une vive impression sur Lorenzo :

Au presbytère de Killarcay... 183...

« Mon cher LORENZO,

« Si je suis mort au monde, je veux au moins être vivant aujourd'hui pour mon unique ami. Ce soir je rentrerai dans mon tombeau.

« J'ai fait trois jours la vie du monde, et ces trois jours ont été brûlants et longs comme trois siècles de l'enfer. Voilà donc ce que le monde peut donner à ses élus ! Ceux qui peuvent y vivre sont plus forts que ceux qui renoncent à lui : j'ai fait une chose très-facile en le quittant.

« Me voilà relégué dans un pays bien favorable aux méditations, c'est le coin du globe qu'il me faut. Dieu l'a créé pour moi. L'Océan n'est pas loin, et je me plais à m'entretenir avec lui des mystères sublimes de la création ; ma pensée l'interroge; et son immensité répond à l'atôme.

« J'ai un autre océan dans mon voisinage, le beau lac de Killarney, c'est le portrait en miniature de l'infini, dans un cadre de montagnes. Les nuages passent et boivent dans le lac comme dans une coupe taillée dans le roc. C'est là que je viens m'asseoir pour penser et prier. Il n'y a pas, sous le ciel, un oratoire plus religieux. Là, si je pousse un seul cri vers

Dieu, ce cri est répété mille fois par l'écho inextinguible des roches circulaires qui couronnent le lac. Le prêtre entonne le verset et toute la nature répond et prie avec lui.

« Cette terre est une communication éternelle avec le ciel ; les plus hautes montagnes s'y élèvent commes d'impérissables pensées, qui parlent de près à Dieu par la voix de la foudre et du vent. Quelquefois je me figure que je suis dans une église immense, dont la voûte est le firmament, et qui a pour piliers les pics sublimes de Mangerton et de Bautry ; les montagnes de Galty et de Naples. Sous le péristyle de ce temple infini, le lac de Killarney n'a que les proportions d'un bénitier ordinaire. Saint-Pierre de Rome n'est qu'un grain de marbre devant cette basilique bâtie par la main de Dieu.

« Oh! lorsqu'on regarde le monde du haut de cette création, le monde est un atôme qui ne vaut pas la peine qu'on se damne pour lui. Un jour, Lorenzo, tu reconnaîtras la vanité des plaisirs de la terre, et tu te souviendras que, dans un coin de l'Irlande, il te reste un frère et un ami.

Patrick O***. »

Le jeune prêtre, ayant terminé son office du soir, s'assit et déposa son bréviaire à côté de lui. Le dernier rayon du soleil avait disparu.

Il avait fini la prière écrite; il commençait

la prière mentale qui n'a pas besoin d'être formulée pour être comprise de celui qu'on prie avec le cœur bien mieux qu'avec les lèvres.

Un grand bruit de voix éclata soudainement dans les solitudes, toujours silencieuses. Au milieu de ces voix, on distinguait les sons d'un cor qui jouait un air de *la Dame du Lac*. Patrick se leva et tressaillit comme si un volcan eût éclaté sous ses pieds.

Il prit son bréviaire, et le serra sur sa poitrine, comme un soldat fait de son bouclier, en entendant le clairon de l'ennemi.

Ce fût un terrible moment d'apparition surnaturelle; un mirage d'êtres vivants. Six hommes et une jeune femme se révélèrent sur un plateau de rochers, comme un groupe sur un piédestal. Patrick reconnut distinctement deux de ces personnes, Lorenzo et Maria : les autres, il ne les vit pas !

Maria se détachait sur un fond de ciel d'une transparence si lumineuse qu'elle lui servait d'auréole. L'œil le moins exercé l'aurait, du premier coup, reconnue dans cette favorable position d'optique. Il fut donc impossible à Patrick de croire que son œil l'avait trompé aux approches de la nuit.

Trois fois il regarda l'apparition, et trois fois sa tête retomba sur son épaule ; il s'appuya de faiblesse sur un rocher, et resta immobile comme lui. Puis un long gémissement sortit de la poitrine du prêtre, et ce bruit, qui, dans tout autre endroit, eût passé inentendu, circula d'échos en échos le long du lac, comme la dernière plainte d'un homme au désespoir, qui se noie et meurt avec le jour.

Tout à coup le cor poussa une note, aiguë comme l'invisible lame d'acier qui jaillit du tam-tam, et le formidable finale de *Sémiramide*, QUAL MESTO GEMITO ! éclata sur les eaux endormies de Killarney.

Le chœur était chanté à sept voix, et le cor l'accompagnait avec des notes stridentes qui roulaient sur l'épiderme comme une lime d'acier. Dans cette solitude pleine d'échos et retentissante comme l'orgue de Dieu, cet incroyable *septuor*, entonné par d'habiles voix, semblait être chanté par un monde de choristes, et accompagné par un orchestre puissant.

Une voix, une voix bien connue, un *soprano* merveilleux planant sur le lac et les montagnes, les fit tressaillir avec ces paroles sinistres qui semblaient évoquer l'enfer.

Qual mesto gemito da quella tomba!
Qual grido funebre cupo ribomba!

Oh! le grand Rossini avait travaillé pour cette nature et pour cette nuit! elle était arrivée cette nuit sombre et mystérieuse; une seule constellation luisait au ciel; la *Grande-Ourse*, magnifique fauteuil d'étoiles, renversé à demi, comme si le Dieu du ciel venait d'être détrôné par Satan. Les montagnes ouvrirent leurs oreilles caverneuses, et le souffle de l'air anima le clavier de leurs échos infinis. Les sapins parlèrent aux mousses des pics, les collines aux herbes de la plaine, les ruisseaux d'eau vive aux cailloux polis, les grillons aux chênes, les bruyères au lac, les vagues de l'océan aux tristes écueils ; et tous ces murmures, toutes ces plaintes, toutes ces voix de la nuit, emportaient au ciel l'infernale harmonie du maître.

Le lamentable cri de Ninus sortit de la montagne comme des flancs de Babel. Toutes les impressions de terreur ressenties depuis le meurtre d'Abel coururent dans l'air. C'était une véritable nuit de Babylone. Les roches saillantes, les pics gigantesques, les montagnes amoncelées, les immenses arceaux granitiques, tout ce paysage grandiose, éclairé fantastiquement aux étoiles, ressemblait à cette architecture infinie, créée par Martyn, le Byron de la peinture; et aux massifs de sapins élevés aux nues par les montagnes insurgées, on aurait cru voir les jardins suspendus de Sémiramis. Alors il y eut encore une sorte de prodige qui ne pouvait éclater qu'à cette heure et dans ce lieu ; car il y a des moments et des sites où la grande énigme de la musique dit son mot secret ; où nous comprenons, claire et sans voile, cette langue insaisissable de notes fugitives, cette langue qui ne dit rien et dit tout, et dont les villes évaporées ne connaissent que l'alphabet. Le chœur babylonien était terminé, et les vallées le chantaient encore. Les mille échos, pris au dépourvu par la rapidité du chant final, avaient des flots de notes en réserve à rendre aux sept musiciens. La montagne, les bois, les pics, les cavernes, les arceaux granitiques, ces puissants choristes, continuaient l'hymne que les faibles voix humaines avaient achevé. Jamais Rossini n'eut des interprètes plus grands, plus dignes de lui! et ces voix surnaturelles, cet orchestre inouï des échos semblaient sortir et s'élever du lac circulaire comme d'un soupirail de l'enfer, regorgeant des larmes des damnés.

Le silence qui retomba quelques instants après, fut encore plus terrible que le fracas du chant et des échos. Patrick regarda de tous côtés, prêta l'oreille ; il ne vit plus rien ; il n'entendit plus rien.

— C'est une vision que le démon m'a envoyée, se dit-il ; ce lieu n'est pas bon pour moi. Ceignons mes reins et partons. Dieu peut-être a permis que je fusse ainsi troublé dans ma retraite, afin de me rappeler mes premières études et mes premiers voeux. J'ai voué ma vie à la propagation de la foi : j'appartiens à la milice glorieuse de ces martyrs et confesseurs qui partent de Rome pour aller chez les gentils. Levons-nous et allons !

Il s'achemina lentement vers la ville de Killarney, et s'efforça d'oublier l'apparition du lac, en méditant sur de saints projets de pèlerinage, et sur la mission qui lui avait été autrefois imposée au séminaire de la Propagande.

L'insomnie dévora sa nuit; il eut recours à la prière, et il s'aperçut avec effroi que sa vieille blessure du cœur n'était pas cicatrisée, et se rouvrait avec des douleurs poignantes qui lui rappelaient d'autres temps, d'autres cieux, d'autres rivages, et des combats suivis de la défaite et du désespoir.

Aux premiers rayons du jour, il ouvrit l'Évangile, et un hasard, qu'il regarda comme providentiel, fit tomber ses yeux sur ces paroles, *surgam et ibo; je me lèverai et j'irai.*

Il crut entendre la voix de Dieu même, et il arrêta irrévocablement son départ.

— Tout ce qui m'arrive, dit-il, est un avertissement non équivoque du ciel. Le but de mon pélerinage apostolique m'est indiqué. J'irai prêcher la foi aux peuples nomades qui campent sur les rives de l'Euphrate, et dans les solitudes de Balbeck.

Et plein de ces pieuses idées, Patrick s'achemina quelques jours après vers Dublin, pour se jeter aux pieds du chef apostolique de cette capitale de l'Irlande, et recevoir sa bénédiction et ses conseils.

Ses derniers préparatifs de voyage furent bientôt terminés; comme le premier apôtre, il partait, à pied et le bâton à la main, sans regarder derrière lui, les yeux fixés sur l'étoile de l'orient.

Comme il traversait Phœnix-Park, de ce pas résolu que prend le piéton partant pour un long voyage, il s'arrêta subitement pour entendre une dernière fois le chant mélancolique d'un pauvre Irlandais qui avait attiré quelques curieux autour de lui : c'était un chant bien connu, et qui avait souvent réjoui et attendri son enfance : *Grand, glorieux et libre Dublin, première fleur de la terre, première perle de la mer!* (1)

Il tira de sa bourse une pièce d'or et la mit

---

(1) *Great, glorious, and free; first flower of the earth; first gem of the sea.*

furtivement dans la main du pauvre chanteur. En même temps une autre main faisait une largesse si magnifique au mendiant Irlandais que Patrick tourna involontairement la tête pour voir quel charitable catholique enrichissait d'un coup son indigent compatriote. Deux cris de surprise, suivis d'un énergique serrement de mains, attestèrent aux témoins de cette scène que deux amis se retrouvaient après une longue absence : — Patrick ! — Lorenzo !

— Je t'ai vu, dit Patrick ; j'ai serré ta main, Lorenzo : maintenant je n'ai plus rien à demander à ce monde. Adieu, au revoir dans le ciel !

— Oh ! je ne te quitte pas, dit Lorenzo en

retenant avec vigueur la main de Patrick. Il faut au moins que tu répondes à ma question. Où vas-tu ?

— Je vais où Dieu m'appelle.

— Eh bien ! je te suis.

— Toi, me suivre ! toi enlacé par le monde, toi plein de passions incurables ! non, Lorenzo, laisse-moi partir.

— Laisse-moi te suivre, te dis-je; notre rencontre est trop miraculeuse vraiment. L'autre jour j'ai fait une promenade avec quelques artistes et *elle* du côté de Killarney; c'est moi qui avais entraîné tout ce monde dans le comté de Kerry, dans l'espoir de t'y rencontrer. Aujourd'hui je quittai Dublin, seul, et sans faire mes adieux à personne, après avoir usé quatre ans de ma vie à poursuivre une chimère. Enfin le dénouement est arrivé : je suis libre depuis ce matin.

Patrick regarda Lorenzo avec des yeux qui semblaient provoquer de nouvelles explications, que sa bouche pudiquement muette n'osait demander.

— Veux-tu en savoir davantage? dit Patrick.

Le prêtre ne répondit pas, mais il appuya ses deux mains sur son bâton.

— Écoute, et plains-moi... Elle se marie!... Elle se marie!... Ce matin, nous avons appris cette nouvelle de sa bouche à son petit lever... Tous ses adorateurs sont consternés... Mais nous n'avons aucun reproche à lui faire : elle n'a trompé personne; elle n'a écouté personne. Elle s'est laissé adorer : c'est permis à une femme, nous sommes des imbécilles, voilà tout... Je vois que cette nouvelle te fait du bien à toi; ton visage est rayonnant. On dirait que cela te met à ton aise. Dieu soit béni !

— Voilà trois derniers mots bien placés, Lorenzo...

— Je ne t'ai pas dit, je crois, le nom des bienheureux époux !...

— Oh! cela m'est indifférent, Lorenzo !

— C'est juste. Qu'importe le nom! c'est un

époux. La cérémonie du mariage se fera dans un mois, bien loin d'ici, à la ville de ***. Demain, elle finit ses représentations, à Dublin, par *la Dame du Lac*. Il faut te dire qu'elle a la passion des lacs. L'autre soir, il y a huit jours, nous avons chanté le finale...

— Assez! assez, Lorenzo! regarde mon habit et respecte-le. Plus de langage mondain entre nous... maintenant je ne voudrais la voir qu'une fois, prier pour elle et la bénir!

—C'est fort aisé; elle loge à *Greams-Hôtel Sackwille-Street*, vis à vis la...

— Lorenzo! Lorenzo! je pars, adieu..

—Au nom du ciel, Patrick, ne m'abandonne pas : il m'est impossible de te suivre en ce moment, mais promets-moi de m'attendre deux heures à Kingstwon.

— Je t'attendrai... mais tu viendras seul...

— Seul !... et nous ne parlerons plus d'elle.

— Plus ! plus !... dit Patrick, qu'une fois.

— Sans adieu... retiens-moi une place au paquebot de Liverpool... Patrick, prie Dieu pour moi... Je te dis tranquillement que je suis au désespoir !

VII.

Dans la sacristie de l'église métropolitaine de ***, Patrick exhibait ses lettres de prêtrise au curé, en répondant par intervalles aux questions qui lui étaient adressées. Le curé témoignait par ses gestes, ses paroles, son sourire, qu'il était satisfait de toutes les explications données, et qu'il admettait le prêtre étranger au service temporaire de son église. D'ailleurs Patrick était muni d'une lettre épiscopale qui le recommandait spécialement à tous les chefs ecclésiastiques de la chrétienté ; c'était comme le passe-port évangélique délivré à ses missionnaires par le prélat de Dublin.

Installé, depuis quelques jours, dans l'exercice de ses fonctions, Patrick demanda, comme une insigne faveur, qu'il lui fût permis de célébrer la cérémonie d'un mariage dont les derniers bans venaient d'être publiés : ce qui lui fut aisément accordé.

A minuit, l'église alluma les flambeaux du

maître-autel. Le sanctuaire rayonnait de clarté ; mais les nefs restaient dans les ténèbres. Les deux époux entrèrent, suivis de leurs familles et de leurs amis, et tout ce monde s'agenouilla.

Un jeune homme qui ne paraissait pas appartenir à cette société se glissa dans une des nefs latérales, et seul, resta debout, appuyé contre un pilier, dans une de ces poses qui affectent l'indifférence, mais qui, aux yeux des observateurs clairvoyants, trahissent une terrible agitation.

Un prêtre, revêtu de ses habits sacerdotaux, monta lentement les degrés de l'autel, et pria quelque temps avec ferveur.

Puis il descendit les marches de l'autel et imposa les mains sur les deux époux; ces mains tremblaient comme celles d'un centenaire agonisant qui invoque Dieu pour la première fois.

Tous les yeux étaient fixés sur la jeune épouse : elle ressemblait au chérubin prosterné devant l'arche et qui a replié ses ailes dans un frisson de sainte terreur.

Lorsqu'elle entendit la voix du prêtre qui lui demandait si *elle acceptait pour époux.....*

Sa tête courbée se releva vivement, et jamais ce visage, qui a tout exprimé, dans les jeux de la scène, ne fut contracté par une semblable émotion. La jeune épouse regardait le prêtre, et elle crut voir le fantôme pâle de Patrick, sorti du sépulcre pour la voir une dernière fois.

En même temps, un cri effrayant retentit dans la nef ténébreuse. Lorenzo avait reconnu Patrick qu'il avait quitté depuis quinze jours, et il ne put retenir une vive exclamation de surprise, malgré la sainteté du lieu.

Le oui de l'épouse passa dans ce cri; les assistants se retournèrent, et ne virent plus que des nefs désertes.

Il y avait dans cette cérémonie quelque chose de mystérieux et de fatal qui faisait présager un triste avenir.

Quelques minutes après, Patrick était resté seul en prière devant l'autel ; et malgré lui, il prêtait l'oreille au bruit sourd des voitures qui emportaient à la fête mondaine les époux et leurs amis.

Une main frappa l'épaule du prêtre, qui se retourna, et vit Lorenzo derrière lui.

—Cette fois nous ne nous quittons plus, dit le jeune Italien à Patrick.

Le prêtre ne répondit pas ; il se leva péniblement, et marcha vers la sacristie. Lorenzo le suivit.

Lorsque Patrick eut déposé ses habits, il dit à Lorenzo en lui montrant une étoile à travers un vitrail.

— Voilà l'étoile des mages qui se lève à l'orient.

— Partons! dit Lozenzo.

FIN.

www.ingramcontent.com/pod-product-compliance
Lightning Source LLC
Chambersburg PA
CBHW071136160426
43196CB00011B/1915